"LE PRÉAU"
collection dirigée par Cécile Ladjali

"Le Préau" s'attache à explorer les chemins de la transmission du savoir et de la culture à travers le récit d'expériences originales, engagées, audacieuses, démarches animées d'un même désir de confronter les mondes, et de la même conviction de l'absolue nécessité de réinventer l'éducation.

To Bill Roberts and Nei
Malkawi .

In memory of your
parisian trip to EHCi,
the dangerous research
school of Paris .

Jean baptiste

JEAN-BAPTISTE HENNEQUIN

Machiavel pour mon fils

essai

ACTES SUD

SOMMAIRE

PROLOGUE

Le jeune prince de Nicolas Machiavel n'a pas vieilli. C'est toi. Tu possèdes un royaume en puissance, celui que t'ouvriront tes capacités, parce que le monde actuel rend possible l'acquisition du pouvoir, sans distinction de rang ni de naissance.

À ton âge, j'étais impatient et moqueur. Impatient de m'émanciper de la tutelle parentale. Et moqueur à l'égard des ahuris, impuissants à suivre le rythme nouveau pris par un monde libéré de la guerre froide. À présent, effrayé par sa vitesse, je me trouve à la place de ceux dont je me moquais il y a vingt ans, tel un vieil hibou hagard au milieu d'une forêt incandescente. J'ai peur que la tempête de l'histoire ne t'engloutisse sans que j'y puisse rien. Je partage cette angoisse avec tous les parents dignes de ce nom, plus préoccupés par l'avenir de leurs enfants que par leur propre destin. Mais un tel désir de protection n'a malheureusement aucun effet modérateur sur l'universelle avidité humaine. J'ai constaté l'empressement des mères de famille à te piétiner pour s'emparer de la première place disponible au manège. J'ai croisé leur regard trahissant l'envie instinctive de t'ôter ta sucette de la bouche pour la glisser dans celle de leur progéniture. Si les relations sociales entre les individus n'étaient entravées que par des pulsions aussi inoffensives, tout irait pour le mieux. Mais la plupart des gens sont méchants. Ceux-ci te tueraient volontiers du moment que cet acte leur apporte la plus insignifiante satisfaction personnelle. L'appétit de pouvoir est si puissant dans la société qu'il me faut t'enseigner à te confronter au mal. À trop vouloir te protéger, je faillirais dans ma tâche, car tu découvrirais trop tard, comme l'a reproché Robert Oppenheimer à ses géniteurs, "qu'il existe des choses implacables et cruelles dans l'existence[1]". L'éducation du père de la bombe atomique ne lui a effectivement offert "aucun moyen normal et sain de se conduire comme un salaud[2]".

C'est qu'en vérité, les hommes n'étant pas tous gentils, il ne te suffira pas d'être sage, beau et intelligent pour réussir. La société moderne ne s'offrira pas à toi telle une jolie femme qui t'attendrait les bras ouverts, le sourire aux lèvres, prête à t'orner le cou d'une couronne de fleurs. Elle ne succombera pas spontanément à tes charmes, car elle attend que tu t'imposes par la beauté de ton verbe et la force de ta volonté. Elle n'est ni bonne ni mauvaise mais suit une logique qui lui est propre, une sorte d'équation aléatoire échappant à toute loi morale. Elle obéit au flot impétueux et imprévisible des événements que Machiavel nommait "fortune", fruit du hasard et de la nécessité, auxquels tu devras t'adapter en perfectionnant tes qualités personnelles par l'éducation et le travail.

L'instruction et le labeur ne te suffiront pas pour survivre dans un monde dominé par la compétition féroce entre les hommes pour le pouvoir. Pris moi-même dans cette lutte, occupé à gagner ma vie et à me protéger des méchants, j'ai réalisé bien tard que le temps allait plus vite que mon esprit. Il t'a donné un corps d'adulte tandis que mes yeux persistent à voir en toi un nourrisson sans défense. Il fallait que je me décide à te regarder tel que tu étais et non tel que j'aurais voulu que tu sois, en t'offrant ce manuel du prince moderne. Son dessein n'est pas de mettre au point la formule magique visant à transformer un jeune garçon en adulte avisé. Il est de t'aider à devenir un homme puissant et sage au moyen d'une analyse empirique qui s'appuie sur un seul témoignage direct : le tien. Je croyais disposer d'un avantage sur toi, celui de l'expérience, alors qu'il s'agissait d'un handicap. Je me pensais mûr et expérimenté, alors que mon cerveau calcifié était enraidi par des préjugés de toutes sortes. Mon esprit mûr est devenu incapable de suivre d'autres chemins que ceux qu'il connaît déjà. Ton jeune cerveau plastique peut, lui, tous les pratiquer. De là, je suis bien impuissant à me remettre en question et prends pour de la force ce qui se trouve être une faiblesse. Je crois que le cynisme acquis au cours des ans me protège des désillusions, alors qu'il me rend chaque jour un peu plus étranger au monde, tandis que ta faculté d'étonnement te le rend plus familier. Il est temps de ralentir ce processus de sénescence intellectuelle qui m'éloigne de toi en tentant de te comprendre au lieu de m'écouter.

Tes questions sont celles de tous les enfants qui perçoivent le monde tel qu'il est et non tel qu'il devrait être. Ta vision, non encore déformée par les illusions de la morale, contient la vérité. Elle possède la force d'une évidence insupportable placée devant les yeux de parents refusant de la contempler parce qu'elle leur déplaît. Pourtant, ils devraient lui faire face, car elle permet de se frayer un chemin au milieu d'une société sans éthique apparente, dominée par la compétition entre individus, la quête de l'argent, le pouvoir de l'image, du mensonge et de la manipulation. Apprendre à connaître son fils, à l'écouter, à affronter les vérités déplaisantes, plutôt que se regarder soi-même, s'entendre discourir et confondre ses souhaits avec la réalité, tel est le premier enseignement du père désireux d'élever son fils.

La deuxième prétention de ce livre se résume en une seule phrase : il te faut aiguiser ton esprit en apprenant l'histoire et en lisant les classiques plutôt que de contempler les mièvreries innombrables peuplant les écrans devant lesquels tu gaspilles des journées entières, à l'instar de tes camarades.

Les grands livres, en augmentant ton savoir, contiennent les clefs de ton ascension dans un monde gouverné par le pouvoir du moi et où la ruse occupe une place déterminante. Mais ils ne te donnent pas toutes les armes pour te défendre, car si les meilleurs esprits savent observer, ils peinent à agir selon leur pensée. Or c'est dans l'action, en te confrontant aux autres, que tu apprendras à mettre en harmonie tes idéaux avec le chaos humain. Il est indispensable que tu t'engages dans l'aventure du pouvoir afin de comprendre le sens du mot "humanité". Tu peux devenir un prince sans pour autant renier tes principes. Mais ces principes, tu ne les connais pas encore, parce qu'ils n'existent que dans l'esprit des hommes. Ils resteront abstraits tant que tu ne les auras pas confrontés à la réalité. Aussi longtemps que tu n'auras pas examiné des valeurs telles que le bien et le mal à l'aune des circonstances de leur application, tu resteras impuissant à leur donner un sens. Machiavel l'a compris il y a cinq cents ans. Ses contempteurs et laudateurs n'écrivent qu'à travers lui.

Il existe des dizaines de lectures possibles du *Prince*, certains lecteurs reconnaissant en Machiavel un humaniste sincère tandis que d'autres le stigmatisent comme un précurseur cynique du fascisme d'État. Nombre d'esprits illustres ont été scandalisés par son enseignement. Il est parvenu à expliquer au futur prince à qui il dédiait son ouvrage qu'il ne fallait pas hésiter à user contre les méchants des mêmes armes qu'eux pour s'en protéger, en étant cruel au besoin, en vue de maintenir l'État. Il a placé la morale du pouvoir à l'épreuve des faits, allant jusqu'à justifier la cruauté du souverain dont il avait été lui-même la victime[3]. En dépit de la leçon de pragmatisme du sage florentin, nombreux sont ceux qui continuent de juger les décisions des puissants bonnes ou mauvaises sans réfléchir à leurs motivations profondes ni à leurs conséquences calculées.

Les enseignements de Machiavel nous disent que, les hommes étant essentiellement égoïstes, le pouvoir du prince est nécessaire à la préservation d'un bien supérieur, consistant à éviter le chaos. Ceux qui aspirent à devenir des princes ne peuvent agir selon la morale commune pour faire prévaloir l'intérêt général contre l'égoïsme universel.

S'il suffisait de lire *Le Prince* et de te l'expliquer pour être un bon père dans le monde d'aujourd'hui, ma tâche serait déjà achevée. Nous ne vivons plus dans la Florence du XVIᵉ siècle, des centaines d'intellectuels brillants ont renforcé, complété ou contredit Machiavel sous d'innombrables aspects. Ils n'ont pas pour autant réussi à être de bons parents. Jean-Jacques Rousseau a écrit l'*Émile*, traité de la bonne éducation, puis justifié comme il le pouvait l'abandon de ses cinq nouveau-nés aux Enfants-Trouvés, sachant qu'il les condamnait à une mort certaine ou à une existence lamentable. Karl Marx a dénoncé toute sa vie durant l'exploitation de l'homme par l'homme sans avoir versé un seul denier à sa gouvernante en juste rétribution des trente-huit ans passés à son service. Cette esclave ne put élever le fils né de leur liaison, dont Marx fit attribuer la paternité à son protecteur, Engels[4]. Que les intellectuels puissent écrire d'immenses œuvres et s'ingénier à les contredire par leurs scélératesses ne les disqualifie en rien, parce que la plupart des hommes agissent ainsi. Il existe une telle distance entre la façon dont on vit et celle dont on devrait vivre que "quiconque ferme les yeux sur la réalité pour ne voir que ce qui devrait être apprend à se perdre plutôt qu'à se conserver[5]".

Je te dédie ce texte avec l'état d'esprit d'un père soucieux de ton bonheur au milieu d'un univers chaotique. Je souhaite que tu mettes en œuvre les enseignements inspirés par le sage florentin et deviennes un esprit libre dans l'action, et *in fine* un homme sage, bien que cela te paraisse impossible dans un monde aussi fou que le nôtre. Toutes les recommandations contenues dans ce livre, je me suis moi aussi évertué à y contrevenir. Philippe de Macédoine aurait préféré que son fils Alexandre chute de Bucéphale, son fidèle étalon, plutôt que de le voir devenir son rival. Je souhaite que tu me dépasses en tout. Ton meilleur allié dans cette entreprise, c'est ta pensée. Dresse-la comme Alexandre le Grand dompta Bucéphale et reste bien campé sur elle. Ton père, lui, n'a qu'une idée en tête : que tu deviennes plus grand et plus sage qu'il ne l'a été.

I

PENSE À TOI

"Si je ne pense pas à moi, tu n'y penseras pas", répètes-tu comme tous ces enfants obligés de gémir pour attirer l'attention de parents distraits. Combien d'entre eux, obnubilés par leurs préoccupations du moment, ne voient pas leurs enfants grandir! À force de les regarder à travers le prisme trompeur de leur propre ego, ils ne reconnaissent plus leurs rejetons, devenus tels des étrangers. Mon attendrissement, mes attentions envers toi ne seraient que le prolongement de mon amour-propre, flatté par l'idée de ma propre perpétuation. Or, "celui qui a l'État de quelqu'un en main ne doit jamais penser à soi mais toujours au Prince[1]". Je me demande parfois si le ministère de ton éducation, dont j'assume la responsabilité, n'est pas faussé par la volonté de satisfaction de désirs narcissiques plutôt que guidé par l'accroissement de ton bien-être. Tu serais comme ces jeunes danseuses de six ans qui paradent en fin d'année de conservatoire, mal à l'aise dans leur tutu, dont le malheur se lit sur leur visage, et le bonheur sur celui de leurs parents. Flattés par l'illusion de la grâce et le symbole d'ascension sociale, ces derniers ne devinent pas qu'ils dressent des singes à leur obéir alors qu'ils devraient leur apprendre à s'échapper.

En pensant à toi, je ne penserais qu'à moi. Or je dois agir pour ton bien seul et non t'apprendre à me ressembler pour ma propre satisfaction. Je vis isolé dans la grotte de mon ego, obscurcie par les *idola specus*[2], te voyant à travers le champ de vision limité de mes envies quand je devrais au contraire deviner tout l'univers des possibles qui s'offrent à toi. Mes particularités, mes dispositions personnelles, ma propre façon de voir, conditionnent tous mes jugements hâtifs sur ta personne. Par cette focalisation égoïste, je suis un père *tyranneau*[3], un petit tyran sans envergure. À vouloir te transformer en grand joueur de tennis, en savant, en pianiste, en chanteur célèbre, sans même avoir pris le temps de comprendre qui tu es, je me fourvoie dans l'idolâtrie de mes frustrations d'homme inaccompli, empli d'*hubris*, d'une volonté de puissance inassouvie, alimentée par la frénésie de la comparaison sociale. Penser t'endurcir au moyen d'un bain quotidien d'eau glacée ou en t'obligeant à écrire de la main droite[4], revient à sacrifier tes chances de devenir un prince. À l'inverse, c'est folie que de chercher à te protéger de toute contrainte. Tu deviendrais faible. Prends pour exemple le spectacle d'une mère de famille sicilienne entourant ses enfants-rois d'une forteresse protectrice. À l'intérieur des frontières de l'appartement maternel, il n'existe ni vices ni méchancetés, à l'exception de la tyrannie de ces jeunes seigneurs tout-puissants. Une fois sortis de leur château fort, ces princes jusqu'alors bercés par la bonté rassurante de leur mère se muent en souffre-douleur de leurs camarades dans la cour de récréation. Sous couvert d'amour, le désir de protection des parents vis-à-vis du monde extérieur n'est que la manifestation de leur égoïsme destructeur. Éduquer un enfant consiste à le préparer à la cruauté sociale et non à se préserver soi-même.

Il m'a fallu d'abord apprendre à t'écouter pour te connaître. "N'importe qui peut voir ce que tu sembles être, quelques rares seulement peuvent tâter ce que tu es[5]." J'ai voulu te laisser t'exprimer sans te protéger à l'excès, afin de susciter ton questionnement plutôt que ton insolence.

Mais la rébellion guette tout enfant qui perçoit les limites de ses parents. Toute réponse autre que "oui" ou "non" à une question simple en suscite une nouvelle, plus compliquée que la précédente. Jusqu'à ce que vienne le moment inévitable du "je ne sais pas" qui sonne la fin du dogme de l'omniscience parentale. Tu as fini par découvrir comme tous les enfants les limites intellectuelles de tes parents. Ils sont ignorants de bien des choses. Ce constat de faiblesse accélère le déclin du peu d'autorité qu'il leur restait. Or, une fois que les bornes de l'autorité ont volé en éclats, la frontière entre l'effronterie et la vulgarité disparaît. De nombreux adolescents n'ont que le mot "respect" à la bouche. Ils ont cependant pour habitude d'aboyer des borborygmes à la face de leurs professeurs et de profaner la grammaire française à chacune de leurs phrases. La jeunesse du monde contemporain grandit à présent au rythme effréné du monde, toujours plus vite. Elle s'autorise à profaner les codes sociaux que la génération précédente respectait encore au même âge. Les adolescents tutoient les adultes sans préavis. Cet irrespect soudain ne s'explique ni par la vanité héréditaire des jouvenceaux sûrs d'eux-mêmes ni par la maturité intellectuelle prématurée des adolescents de ton âge.

C'est que l'autorité, aujourd'hui, ne repose ni sur la force brute ni sur la position de *paterfamilias* incontestable, mais sur une supériorité dûment acceptée et légitime. Les parents doivent prouver qu'ils sont dignes de leur magistrature sur des créatures qui les surpassent en rapidité et plasticité cérébrales. Le monde va prestement, il privilégie la rapidité de l'intelligence aux lenteurs de la tradition. S'en indigner ne sert à rien, car s'opposer au flux de la modernité est vain : cela reviendrait à s'avouer vaincu. Pour changer un état de choses dépendant de forces supérieures à ta volonté, il te faut t'inspirer du nageur pris dans des courants marins plus puissants que lui. Il se laisse porter par le flot afin de regagner le rivage plutôt que de braver des forces contraires.

Je prendrai comme illustration des mutations de l'autorité familiale celle qui affecte les relations entre les États et les individus, pour mieux y revenir plus tard. Le pouvoir des États, des institutions politiques, des présidents, des assemblées, des papes, s'est affaibli. Le président Sarkozy, qualifié à tort d'"omniprésident", avait moins de pouvoir que Pompidou. Le président Obama en a moins que Kennedy et le pape François, moins que Jean-Paul II. Nous ne respectons plus l'autorité des gouvernants d'aujourd'hui dans la même mesure que celle des idoles d'hier. La liberté a triomphé des doctrines affirmant qu'un pouvoir supérieur pouvait "dicter à l'humanité la manière dont elle devait conduire ses affaires[6]". L'individualisme, reconnaissant l'individu comme juge de ses propres fins, capable de gouverner ses actes selon ses seules opinions, est dominant dans le monde où tu vis, marquant la "fin du pouvoir[7]", tout du moins du pouvoir tel que tes parents l'ont connu à ton âge. Le respect dû à la hiérarchie à l'ancienne, qui s'imposait sans questionnement, a vécu.

Et c'est à ce moment précis que ton père se trouve perdu au milieu de l'anarchie mondialisée, ne disposant plus des repères de la tradition ou des frontières protectrices de l'État-nation. Je ne sais plus quelles limites assigner à ta liberté, j'hésite sur les conseils à te donner pour que ton destin soit celui d'un prince plutôt que d'un serviteur. Il me faut donc te conduire vers ce qui me semble bon pour toi, sans la boussole trompeuse de l'autorité révélée ou de la hiérarchie des valeurs factices. J'ai dit plus haut qu'il ne fallait rien t'imposer, mais cette règle connaît une exception. Il faut donner tous les pouvoirs à la connaissance. Dans la société mondiale des individus, "le savoir en lui-même est pouvoir[8]", car il apporte non seulement la richesse, mais surtout le sens de la ruse au milieu des ego déchaînés. S'il existe un impératif catégorique auquel tu dois obéir au cours des années qui viennent, c'est bien d'apprendre, d'apprendre et d'apprendre encore, car le savoir engendre une salvatrice et permanente remise en question de soi. Toute certitude établie est l'apanage des imbéciles. Tu devras travailler pour conserver ta liberté.

II

TRAVAILLE POUR TOI

"Et vous, à quoi me servez-vous?" me lances-tu lorsque je t'exhorte à accomplir une tâche au motif qu'elle "te sera utile plus tard". Ton apostrophe blesserait n'importe quel père convaincu qu'il agit pour le bien de sa progéniture, dans un but purement altruiste. Une fois surmontée la vexation infligée par ton invective, j'énumérai les premières réponses qui me venaient à l'esprit pour définir ma fonction parentale : te protéger, faire en sorte que tu ne manques de rien, t'entourer d'affection. Mais ce sont là les attentions que tous les enfants sont en droit d'attendre de leurs parents. Sinon ils ne seraient pas dignes d'une telle appellation. "Je n'ai pas demandé à naître", ne manques-tu pas de me rappeler lorsque je dresse l'inventaire de tes devoirs de fils. Il est exact que ta venue au monde est le fruit de notre bon plaisir. De quel droit exigerions-nous donc de ta part quoi que ce soit en échange de ta naissance? Nous ne t'avons pas donné la vie, elle s'est installée en toi sans que tu le demandes. Nous sommes tes débiteurs. De nombreux parents l'ont tellement bien compris qu'ils accèdent à tous les désirs de leurs enfants en engraissant leurs corps ou en vidant leurs esprits. Les repus s'épargnent les tracas de la faim. Les ignorants jouissent du bonheur de ne rien connaître. Ce choix revient à faire preuve d'une délicatesse funeste. Te choyer à l'excès finira par te détruire dans la mesure où la survie suppose de renoncer à la jouissance immédiate. Tout apprentissage implique de différer la satisfaction des désirs du moment en optant pour la souffrance consubstantielle à l'acquisition du savoir. En pourvoyant à toutes tes envies, en t'épargnant toute contrariété et en cédant à la moindre de tes objurgations, je pense te protéger, user de bonté, alors que je t'affaiblis. Je me crois altruiste, tandis que je ne cherche qu'à revivre à travers toi le paradis autocentré de l'enfance sans contraintes, dont la vieillesse m'éloigne chaque jour. En le recréant artificiellement pour toi, je t'expose à bien des désillusions, te plaçant ainsi dans une disposition d'esprit plus fragile que celle qui était la mienne à ton âge. Acquiescer à chacun de tes caprices contredit la finalité ultime de l'éducation que j'entends te donner. Le père doit préparer son fils à l'injustice du monde.

Le premier service à te rendre consiste donc à t'entourer de ce qui est bon pour toi en t'éloignant de ce qui lui est néfaste, même lorsqu'une telle entreprise s'oppose à tes envies. Je prends pour exemple d'activité, inoffensive en apparence, celle qui consiste à rester des nuits et des jours entiers les yeux rivés sur des écrans en t'alimentant de sucreries. Tu ressembles à Gargantua qui se repaissait de jambon et de pain après le lit, avant que son éducateur, Ponocrates, lui impose de travailler. Lorsque je t'invective, tu grognes de mauvaise foi, tel le héros de Rabelais qui répondait à son pédagogue : "Quoi ? N'ai-je fait suffisamment d'exercice[1] ?" Affalé dans ton lit, tu ne t'exprimes pas en français rabelaisien mais dans le grognement universel des adolescents aux yeux rougis par le ludisme nocturne. Il n'existe plus de limites à la paresse dans un monde qui t'offre, en plus des boissons et nourriture de la Lutèce d'antan, la télévision, les écrans et les jeux.

Toute occupation décadente qui vise ton divertissement comme seul objectif, sans limitation de durée ni satiété, amollit ton caractère et détruit ton intellect. Pour réveiller mon instinct parental afin de briser cet échec annoncé, je songe à la culpabilité que j'éprouverai lorsqu'il sera trop tard pour dissiper la torpeur qui t'a saisi dès la jeunesse et ne t'a plus quitté. Comme dans les affaires de l'État, "il faut connaître à l'avance les maux qui naissent, car ils se guérissent vite; mais quand pour ne pas les avoir reconnus, on les laisse croître, il n'y a plus de remède[2]". L'épidémie qui menace de te contaminer au milieu de l'univers hédoniste contemporain se dénomme la fainéantise. Mes mises en garde contre cette maladie ne rencontrent pour toute approbation que les moqueries d'un jeune ours allergique aux admonestations des anciens. Pour te convaincre de ce qui me semble évidence, il faut lutter contre la nature d'un monde valorisant la réussite facile, la vitesse, la médiocrité, la vulgarité en tant que toutes ces dispositions nous apportent le loisir de goûter à l'envi aux plaisirs innombrables et immédiats. Les jouissances sont constamment à ta vue, toujours à portée de main. "Quand les princes ont pensé aux plaisirs plus qu'aux armes, ils ont perdu leur état[3]." L'arme d'aujourd'hui, c'est le savoir. Or il est devenu si universellement et facilement accessible qu'il te semble superflu de fournir le moindre effort pour partir à sa recherche. La quête des connaissances, constamment renouvelées, aiguise ton esprit. Elle te rend plus agile et te renforce, autant que le surcroît d'érudition qui en résulte.

Combien de parents ont vécu la scène que je vais décrire ? À l'âge de dix ans, à la veille de la remise d'un exposé sur l'assassinat de Jules César, tu brandis fièrement les trois pages extraites d'une encyclopédie numérique, sans même les avoir lues. "Toi aussi, mon fils[4]", dit César à Brutus qui le frappait traîtreusement. La facilité te prive du dépassement. Tu crois que l'encyclopédie numérique universelle te libère, alors qu'elle te place dans l'esclavage de ton ignorance. Méfie-toi du confort factice d'Internet. Il te conduit à accepter l'information sans même la remettre en question. Les versions différentes d'un fait historique obéissent aux lois immuables de la rumeur d'Orléans[5] : plus le mensonge est gros, plus il est crédible. Ta crédulité est inversement proportionnelle à ta capacité d'analyse. Afin de te protéger des dangers de la décadence de l'esprit, j'ai cherché à t'imposer un exercice qui ne présente aucune autre utilité que celle de le stimuler par la contrainte. Il aurait pu consister à te faire écrire des deux mains, à parler à l'envers ou bien à mémoriser chaque objet présent dans ta chambre avant de t'endormir. Ton monde utilitariste a tendance à n'évaluer l'activité humaine qu'à l'aune de la valeur monétaire qu'elle t'apportera au cours de ton existence[6]. Je pense au contraire qu'un apprentissage prétendument inutile te conférera une agilité surpassant celle de tes semblables, impuissants à s'adapter à l'inconnu. Pour susciter cet inconfort salvateur, j'ai choisi de te faire étudier le latin. Cette langue morte, jugée superflue par les esprits communs, ne sert à rien d'autre qu'à comprendre les fondements de la civilisation occidentale. Pierre Eyquem, le père de Montaigne, obligea l'entourage de son fils à ne lui parler qu'en latin jusqu'à l'âge de sept ans. Il voulait, dit-il, lui donner le goût de l'étude "par une volonté non forcée et de son propre désir". Il tricha en vérité avec sa propre maxime puisque, un enfant prenant ce qu'on lui donne, il ne lui laissa guère le choix de sa langue première. À sept ans, l'auteur des *Essais* ignorait le français et ne parlait que latin. J'invite tous les parents à créer chez leur enfant le désir de la langue morte ou du savoir superflu. Même si cela passe par un inconfort transitoire.

Ton bien passe, comme pour le jeune Montaigne, par l'épreuve d'un mal passager, celui du renoncement temporaire à ta liberté. Mais il en résultera une amélioration définitive de ton être. Par la grâce de tes efforts, tu y prendras goût en constatant que tu es devenu meilleur car moins ignorant. L'éducation t'apprend une chose essentielle : sortir de toi-même pour devenir un autre, transformé par le savoir. Il ne suffit pas de se connaître soi-même, il faut changer en se confrontant au monde.

Il m'a fallu tricher et ruser avec toi, car tu étais récalcitrant à l'endroit des savoirs promus par la tradition. Par ton rejet des prescriptions normatives parentales, tu te comportes comme tes congénères adolescents, souvent suspicieux à l'égard des dogmes que leur milieu d'origine voudrait leur inculquer. Je t'expliquai donc que le choix des apprentissages était imposé par le système éducatif et non par moi. Un fils hésite plus à se révolter contre l'ordre social que contre sa famille. Il vaut donc mieux en appeler à une autorité extérieure lorsque celle des parents fait défaut. Mais cela n'est pas suffisant, parce que l'esprit indolent d'un adolescent emploie des trésors de créativité pour échapper aux tâches qui lui incombent. Il fallut donc recourir non seulement à la crainte naturelle que t'inspirent les institutions, mais plus encore au ressort le plus puissant du moi : la vanité. Le désir d'être meilleur que les autres agit comme un aiguillon prépondérant.

Cependant, l'idée d'attenter au confort de mon *enfant-roi* en l'humiliant par des épreuves initiatiques qui le feraient souffrir m'afflige. Je ne vis plus à l'heure de l'*agogé* spartiate[7], où les jeunes hommes devaient aller pieds nus dans les montagnes, se contenter du minimum de nourriture et d'un seul manteau par an. C'est ainsi que Lacédémone forma les meilleurs guerriers de la Grèce antique, qui vainquirent les Athéniens. L'éducation spartiate a cessé d'être un modèle pour les parents prévenants au point que le moindre cri de douleur de leur progéniture apparaît comme une injustice insupportable. Cependant, je considère qu'il vaudrait mieux, pour ton bien, que tu endures les épreuves tout de suite pendant un temps relativement bref de ton existence, plutôt que de la terminer sous la torture lente de celui qui a raté sa vie. "Les violences doivent se faire toutes ensemble afin qu'elles offensent moins[8]." La peine que je ressens en t'imposant des souffrances passagères importe peu, car mon chagrin n'est rien au regard des blessures profondes dont je te préserve ainsi pour l'avenir. Mon travail consiste à t'endurcir. Dans un monde hédoniste, l'injonction parentale ne suffit plus à motiver tes efforts. Il faut donc recourir à la ruse plutôt qu'à la force, te faire administrer les potions amères par d'autres que moi. Je m'efforce de te faire renoncer à la procrastination, veulerie qui consiste à remettre au lendemain les tâches dont tu pourrais t'acquitter dès aujourd'hui. Pour t'encourager, je te narre les aventures des héros contemporains qui ne remettent rien au lendemain. L'existence pouvant s'interrompre à tout instant, reporter à plus tard ce qu'on pourrait faire tout de suite est une forme de renoncement à la vie. Je te racontai l'histoire de Bill Gates qui répondait à ses employés épuisés qu'il s'acquitterait lui-même des tâches qui leur restaient à accomplir durant le week-end. Et celle de Steve Jobs qui expliqua sans ciller à un ingénieur incapable de mener une mission à son terme que le succès de son œuvre sauverait des vies[9]. Il s'agissait de réduire de dix secondes la durée nécessaire au démarrage d'un ordinateur. Le temps ainsi gagné, multiplié par cinq millions d'utilisateurs, donnait un résultat équivalent à cent vies humaines sauvées par an. L'expert se laissa convaincre par cette démonstration mathématiquement exacte, et il parvint à réussir l'impossible. L'invocation de Jobs se trouvait inspirée par une absolue malhonnêteté, mais cela, il vaut mieux le taire. Il est plus instructif de méditer sur les raisons pour lesquelles il n'existe pas de héros paresseux. La mollesse te distrait de l'effort, vertu de ceux qui réfléchissent. La réflexion se nourrit d'une ressource en voie de disparition : la lecture. Les livres connaîtront sans doute le destin de ces espèces détruites par la facilité de l'immédiat, tels ces dodos disparus de l'île Maurice, que les colons pourchassèrent pour s'en repaître jusqu'au dernier. Semblables aux dialectes des tribus indiennes exterminées qui subsistèrent un temps dans les forêts américaines, chantés par quelques oiseaux[10]. La perspective du voyage dans un livre te réjouit autant que celle d'un homme d'affaires condamné à voler quinze heures en classe économique. Tu t'es habitué au luxe enivrant de l'immédiateté.

Pour stimuler ton goût de la lecture, il ne m'est d'aucun secours de t'enseigner que philosopher permet d'apprendre à mourir, de comprendre que la mort n'est rien pour nous ou bien de percer les mystères de la foi. Tu recherches l'utilité rapide plutôt que la méditation lente. Tu admires comme tout un chacun les miracles de la technique, dont les résultats te semblent aussi concrets qu'éternels. Le génial Edison, qui déposa 1 093 brevets et conçut l'ampoule électrique et le phonographe, dut son succès à l'engloutissement de tous les opuscules de la bibliothèque municipale de Detroit avant l'âge de treize ans. Pour convaincre tes semblables, bercés comme toi par la magie du numérique, des bienfaits du livre, une méthode efficace consisterait à convoquer le fantôme d'Edison à venir témoigner en sa faveur. Comme c'est impossible, j'use de moyens détournés. Tout conseil de lecture prodigué par les parents aux enfants est censuré par avance. Ils veulent trouver par eux-mêmes la manière la plus insolite et personnelle de s'instruire, afin de marquer leur libre arbitre. Il faut donc accepter qu'ils empruntent d'autres chemins. Ainsi, en renonçant à te dicter ton instruction, j'ai compris qu'il valait mieux être le libre inspirateur de ton esprit plutôt que son architecte despotique. De quel droit t'aurais-je dicté les voies et moyens du savoir, moi dont le cerveau perd plus de neurones que tu en gagnes chaque jour ? Intelligence en déclin, je suis plus à ma place dans le rôle du prince des sots, du vieux bouffon du jeune roi, que dans celui de son sage chancelier. Il n'existe pas de recette infaillible pour transformer un enfant en créature intelligente tant cette notion recouvre de réalités variées. Mais il est indiscutable que la curiosité d'un père envers son fils constitue le meilleur moyen d'amorcer l'étincelle de son génie. En t'observant, en guettant les signes de tes propensions et appétences, je suis devenu curieux de ta curiosité. Instruit de ce qui t'intéressait, j'ai mis entre tes mains les moyens de devenir celui que tu aspirais à être et non celui que je voulais que tu sois. Plutôt que de visser son fils au tabouret d'un piano qui l'attriste ou de le coiffer d'un chapeau de scout, il vaut mieux recourir au ressort le plus puissant de sa transformation : sa propre volonté. Elle s'alimente à deux sources : la soif de connaissances et la satisfaction qui naît de la reconnaissance. Les distinctions augmentent l'assurance de celui qui réussit par la grâce de son travail.

En apprenant, tu augmentes tes chances, grâce au souvenir de tout ce que tu sais, de relier des choses qui n'avaient pas de rapport évident entre elles et ainsi de changer le cours de l'histoire. "L'homme n'est grand qu'autant qu'il sait et quand il sait il peut tout[11]." Lorsque tu seras convaincu qu'il n'existe pas d'avenir sans travail, tu parviendras à échapper au danger moderne du sybaritisme. Afin que tu ne verses dans l'excès inverse, je t'invite à méditer sur le rythme infernal de Gargantua. L'éducation de Gargantua par son maître Ponocrates impose un lever à 4 heures, puis suivent la lecture, l'équitation, la chasse, la botanique, l'astronomie et la récitation de la Bible. Ce programme démesuré doit aboutir à la constitution d'un géant du savoir. Il est assiégé jusque sur le trône par son professeur, afin qu'il répète tout ce qu'il a lu et réfléchisse aux points obscurs et difficiles[12]. Telle n'est pas mon intention. Qui voudrait être poursuivi jusqu'au lieu qu'il affectionne le plus pour sa tranquillité, afin de réciter ses leçons ? Il n'est pas nécessaire de se contraindre à de telles extrémités pour s'instruire.

Savoir revient à contester, donc à anticiper. Connaître l'histoire aboutit à la conclusion que le cours des événements doit autant au hasard qu'à l'action des grands hommes. Ces derniers sont en vérité tantôt de petits messieurs, tantôt des usurpateurs et exceptionnellement de très honnêtes hommes. Entre la violence de l'histoire et le hasard de la fortune, ton talent consistera à saisir l'esprit des temps et à employer les moyens que ton éducation t'aura conférés. Travaille pour toi-même, puis cherche à démultiplier tes forces en t'appuyant sur l'énergie des autres. N'oublie pas que l'on travaille pour ne plus travailler. L'*otium* désignait chez les Romains le "loisir", au sens non pas des voyages organisés ou des croisières pour retraités, mais du "temps libre" pour la méditation, la science, les arts ou la vie publique. Paul Valéry l'appelait le "loisir intérieur", la paix essentielle des profondeurs de l'être[13] pendant laquelle l'individu se lave de toutes ses obligations. Le plus grand luxe consiste à s'amuser en travaillant. Ceux qui se divertissent pendant leur vie active ou par le *loisir intérieur* sont des princes.

III

FAIS TRAVAILLER LES AUTRES

Une question impudique brûle les lèvres de tous les parents à l'endroit de leurs enfants alors qu'ils devraient la taire : À quoi penses-tu ? "Je n'ai pas le temps de penser", m'as-tu répondu lorsque j'ai cédé à la tentation. Tes idées n'appartiennent qu'à toi et ne regardent que toi. Tu auras tout le loisir, comme tous ceux de ton âge, de méditer. Tu y parviens déjà en suivant un rythme biologique bien plus rapide que celui de tes parents. C'est pourquoi il est vain pour nous de chercher à suivre son cours. Ton cerveau travaille sans cesse. L'évolution t'a même donné le libre arbitre, celui de choisir par exemple entre t'arrêter pour réfléchir sur ce que tu fais et écrire un poème. En cela, ton exclamation sur le manque de temps mérite plus ample réflexion. La vie est courte, tu n'auras effectivement pas le temps de tout accomplir par toi-même. Il importe donc de choisir tes priorités et de te débarrasser des tâches les moins utiles, que d'autres réaliseront à ta place et mieux que toi. Il te faut aussi accepter l'existence des limites qui bornent l'expression de ta personnalité, qu'elles concernent la science des rapports humains, l'esprit logique, le charisme et ces innombrables talents que nous regroupons sous le vocable d'"intelligence". Les vaniteux, aveugles envers leurs défauts, demeurent impuissants à améliorer leurs qualités comme à corriger leurs imperfections.

Lorsque tu auras pris le temps de t'arrêter de courir, tu auras le loisir non seulement d'avoir des idées, mais surtout de t'inspirer de celles des autres. Les solutions aux problèmes ne sortiront pas uniquement de ton esprit. Tu disposes d'un temps limité par les priorités que tu te donnes.

Tout le monde a des ambitions, mais ce qui manque c'est le temps et les moyens de les réaliser. Voler les pensées des autres permet de gagner des moments précieux. Edison plagiait des idées qui n'étaient pas les siennes, parce qu'il estimait que le génie consiste à trouver le meilleur usage de découvertes faites par d'autres. Il a subtilisé la plupart des inventions qui ont fait sa gloire[1], parce que, disait-il, "dans le commerce et l'industrie tout le monde vole, mais moi je sais comment bien voler". Il vola ou s'employa à disqualifier les découvertes d'un ingénieur plus talentueux que lui, Nikola Tesla, qui finit pauvre et reclus dans une chambre de l'hôtel New Yorker et dont le nom reste encore méconnu[2]. Tesla et Edison se querellèrent à propos des technologies concurrentes du courant alternatif et du courant continu. Finalement, Edison promit à Tesla 50 000 dollars s'il parvenait à prouver qu'il avait raison au sujet de l'efficacité supérieure du courant alternatif. Tesla y parvint quelques mois plus tard, mais Edison n'honora pas sa promesse, au nom de l'"humour américain". Steve Jobs, celui que l'histoire a retenu comme le créateur génial de l'iPhone, utilisa les talents exceptionnels de Steve Wozniak pour remporter le défi lancé par l'entreprise Atari, qui leur demanda de simplifier l'électronique du premier casse-briques. Wozniak y parvint, mais ce fut Jobs qui empocha la quasi-totalité de la récompense de 5 000 dollars. Il ne versa à Wozniak que 350 dollars[3]. Jobs encore, questionné à propos d'une autre peccadille qualifiée de "plus grand vol industriel de l'histoire" et qui consista à créer le premier Apple en copiant un ordinateur dévoilé par de naïfs ingénieurs de Xerox, répondit : "Les bons artistes copient, les grands artistes volent[4]."

L'histoire reconnaît les brigands qui ont réussi sans égard pour leurs victimes, allant jusqu'à leur décerner un titre laudateur, tel ce "baron voleur" de la fin du XIXe siècle aux États-Unis. J. P. Morgan, le fondateur de la première banque mondiale, qui porte encore son nom, s'est enrichi durant la guerre de Sécession en achetant des fusils à l'armée puis en les lui revendant beaucoup plus cher. Il échappa à l'engagement militaire en payant 300 dollars de compensation. Il reste cependant parmi les financiers de l'âge d'or de la fin du XIXe siècle tels que Vanderbilt, Astor ou Rockefeller, le moins roué d'entre tous. En comparaison de ces derniers, les princes de la technologie virtuelle semblent timorés : Bill Gates fut pris dès l'âge de treize ans en flagrant délit de piratage d'un ordinateur de l'entreprise General Electric. La firme le sanctionna avant de lui proposer de l'utiliser gratuitement en contrepartie du signalement des *bugs* de la machine. Trente ans après, l'empire créé par Gates, Microsoft, fut condamné pour abus de monopole en violation de la loi sur les trusts, en dépit de ses dénégations devant la commission sénatoriale.

Le vol, le mensonge, la duperie peuvent devenir des vertus au gré des circonstances. Les pirates qui exploitaient hier les failles du système dominant deviennent aujourd'hui des acteurs hégémoniques. Là où les esprits chagrins ne voient que la malhonnêteté du plagiat, il faut distinguer l'audace propre à l'homme d'affaires, capable de transformer l'invention en richesse. L'idée de repenser l'utilité d'une chose serait restée lettre morte, sans la force de volonté de ceux-là. Ne juge donc pas trop vite. Tu n'as sans doute pas le temps d'avoir des idées de génie, mais console-toi en te rappelant que les grands esprits échouent, la plupart du temps, à traduire leurs idées en actes. Les voleurs fertilisent la société en captant l'inventivité d'autrui.

Inspire-toi de leur exemple. Fais travailler les autres. La vie est courte, tu dois accomplir des tâches innombrables avec une énergie limitée. Dirige-la dans les bonnes directions. Il est vain d'épuiser tes forces à remplir des obligations pour lesquelles tu n'es pas le plus doué. Il est inutile de chercher à rétablir la justice en condamnant les profiteurs et les usurpateurs. Tu perdrais ton temps à t'insurger sans cesse contre les injustices du monde pendant que ta vie glisse entre tes doigts. Laisse donc cette mission aux historiens et aux magistrats. Il est un grand secret appris auprès d'un de mes maîtres que je puis te livrer à présent. Ce grand secret, c'est de *faire travailler les autres*. Si tu cherches à tout faire par toi-même, tu n'iras pas bien loin, parce que tu n'as pas le temps de tout réaliser. Les autres accompliront mieux que toi toutes les tâches spécialisées afin que tu te concentres sur tes priorités. Repose-toi sur eux, en faisant en sorte qu'ils prennent plaisir à travailler pour toi, et surtout en puisant dans les enseignements de tes prédécesseurs. Tiens les hommes de préférence par la séduction plutôt que par la crainte.

Pour y parvenir, examine les méthodes des séducteurs charismatiques. Bien que leurs personnalités paraissent éloignées et que leurs talents se soient exprimés à des époques et dans des registres différents, Steve Jobs et Bertolt Brecht partagent une qualité qui les aida dans leur ascension. Il ne s'agit pas de l'odeur pestilentielle qu'ils dégageaient tous les deux en raison de leur aversion pour l'hygiène, mais de leur charisme singulier. Ce don leur permettait de séduire leurs interlocuteurs, féminins comme masculins, pour mieux s'approprier leur travail. Les deux possédaient un véritable flair pour détecter les talents. Leurs natures charmeuses et leurs capacités de négociation faisaient le reste.

Le soir du 31 août 1928 s'ouvrit le rideau blanc sur la première représentation de *L'Opéra de quat'sous* à Berlin. Toute l'Europe allait se mettre à chanter les airs de cette comédie musicale qui fit la gloire de son auteur attitré, Bertolt Brecht. Elle sera jouée dix mille fois en cinq ans, traduite en dix-huit langues. Brecht parvint à accaparer l'essentiel des revenus de la pièce, qu'il plaça en Suisse, au détriment du compositeur, Kurt Weill, et surtout d'Elisabeth Hauptmann, auteur "à quatre-vingt pour cent" du livret[5]. Cette dernière n'est toujours pas reconnue en tant qu'auteur officiel. Brecht excella toute sa vie à exploiter les femmes qui écrivirent l'essentiel des pièces dont il revendiqua la paternité exclusive. Du personnage de Steve Jobs émanait selon ses proches un "champ de distorsion de la réalité[6]", qui lui permettait de convaincre ses interlocuteurs de la justesse de ses arguments, même s'ils étaient erronés.

Les grands travailleurs sont de grands séducteurs, l'histoire retiendra leurs noms plutôt que les noms de ceux qu'ils ont détroussés. Faire travailler les autres suppose non seulement de savoir bien voler, mais aussi de séduire ceux dont tu subtilises le talent.

IV

SÉDUIS

Ignorant, comme tous les enfants, des codes sociaux des adultes, tu ne te prosternes pas devant les hommes de pouvoir qui se pavanent au milieu des courtisans. Tu les vois tels qu'ils sont, c'est-à-dire en tout point comparables au commun. Les enfants regardent les individus sans tenir compte des distinctions factices auxquelles les grandes personnes prêtent tant d'attention. Alors que tu m'accompagnais dans les salons de la mairie de Paris, tu y croisas le maire entouré de ses suivants. Alors qu'il te tendait une main chaleureuse, tu lui lanças : "Et vous, vous êtes qui?" Un éclat de rire général secoua l'assemblée des courtisans et te mit mal à l'aise. Tu te trouvais pris dans la confusion, hésitant entre l'impression d'avoir dit une bêtise et celle d'avoir touché Dieu. Lorsqu'un enfant bouscule le protocole social, en enfreignant les égards dus à une personnalité officielle, les flatteurs de cour rivalisent de rictus attendris pour affecter d'avoir bon cœur auprès du prince. Tous les parents devraient non pas tancer leur progéniture de l'irrespect spontané qu'elle manifeste envers l'étiquette, mais se rappeler que leurs enfants ont raison de ne rien respecter sans motif valable. Les hommes sont tellement éblouis par la réputation qu'ils en perdent leur faculté de jugement. Le simple fait d'avoir acquis une situation obscurcit la vision des laudateurs. Ils te confondent avec l'incarnation divine quand bien même tu serais pourvu de cornes, car "ceux qui admirent ne regardent pas si ta manière est naturelle ou empruntée[1]".

Les princes étaient des hommes comme les autres, avant d'être nimbés d'une aura de majesté par la grâce de leur réussite. Avant de devenir maire de Paris en 2001, Bertrand Delanoë était qualifié par ses rivaux de "Petit Chose", jusqu'à ce qu'il leur assène une leçon – de choses – à son tour. Son mérite fut d'exceller en l'art du politique, qui accorde une large part à la séduction. Les professionnels de la politique savent exploiter l'humaine déformation visuelle produite par le charme. Il se mettent à l'écoute des désirs d'autrui pour mieux les flatter. Il s'agit là d'une technique des plus ardues, parce qu'il faut contrer ses instincts égotistes pour laisser la parole à autrui. Les gens adorent parler d'eux. L'homme politique sait s'exprimer d'autant mieux à leur place qu'il sait s'oublier lui-même. En présence de ses électeurs, il offre le visage compatissant d'un être entièrement à l'écoute de leurs désirs. Il tire ainsi parti de la fièvre narcissique universelle qui gouverne la plupart des hommes. Y font exception les personnalités capables de te regarder en te donnant l'impression que tu es la personne la plus importante du monde. Ils s'adressent à leur chauffeur comme s'il était le président de la République. Ceux qui n'ont rien à attendre de toi, il faut les subjuguer par ton altruisme et ta générosité. "Dans les supérieurs, c'est un grand moyen d'engager que d'être plus humains que despotiques[2]."

Une fois la confiance gagnée, le pouvoir divinise. Pour y parvenir, il faut être capable de séduire. Or, c'est un exercice qui va à l'encontre de ton moi profond, qui n'écoute que lui et ne pense qu'à lui. Cela suppose d'aller contre tes sentiments en suivant la pensée de La Bruyère : "Le plaisir le plus délicat est de faire celui d'autrui." Suis comme première ligne de conduite de ne jamais rien refuser explicitement aux solliciteurs. Ne dis jamais "non". Un "oui" distrait qui ne t'engage pas vaut toujours mieux qu'un "non" vexateur. Il est notoire que les gens ignorent ce qu'ils veulent réellement, c'est pourquoi ils te seront reconnaissants de les aider à le savoir. Fais donc en sorte que leurs désirs coïncident avec tes propres desseins. Conduis-les à croire que l'idée vient d'eux, alors que tu les as amenés à dire ce que tu voulais qu'ils disent.

Qui a déjà rencontré un génie de l'empathie se souvient d'être ressorti ravi de son entrevue sans en avoir retiré aucun avantage concret. Bien que la situation du charmé ne soit en rien améliorée par le contact avec le charmeur, ce dernier serait prêt à croire n'importe quelle fable sortant de sa bouche. Le don de séduction s'appuie sur un regard hypnotique, une voix assurée, alliés à une exceptionnelle capacité à formuler ce que l'autre souhaite entendre. Si tu veux te hisser jusqu'à un tel niveau de talent, apprends tout d'abord à parler avec assurance en arborant ton meilleur sourire, mais non sans avoir adapté cette technique de théâtre au monde réel. Ne demande pas en premier à ton interlocuteur ce que tu souhaites, mais commence par deviner ses propres désirs. Hoche la tête en paraphrasant ses propos afin de faire mine de le comprendre.

Apprends à être le reflet des aspirations d'autrui, à devenir ce que les autres veulent voir à travers toi.

Qu'elle soit sincère ou simulée, l'empathie est une qualité constante chez tout animal politique qui veut entretenir sa renommée. Pour être adulé, il faut plaire en apprenant à devenir le miroir de l'ego des autres, en comprenant ce que chaque personne que tu rencontres attend que tu lui dises. Marie Mancini, nièce de Mazarin, parvint à séduire Louis XIV par une patiente campagne de conquête amoureuse. Lorsque le roi tomba gravement malade, Marie Mancini "se tua de pleurer", attirant sur elle l'attention du jeune roi, qui crut découvrir son moi inné au féminin. Marie s'était préparée à sa séduction par l'observation des mœurs romantiques de Louis. Elle acheva de le conquérir par sa maîtrise de la littérature chevaleresque, que ce dernier affectionnait. Après qu'elle fut écartée par son oncle de l'union avec le roi, ce fut au tour de ce dernier de verser des larmes, sincères cette fois[3]. Les séducteurs excellent en leur art jusqu'à ce qu'ils se trouvent piégés par leur propre insincérité ou leur libertinage.

La séduction est l'art de détourner, de tirer à l'écart les autres pour les faire agir à ta guise. Les gens sont semblables à des soldats qui t'obéiraient autant par plaisir que par devoir[4]. Le pouvoir n'étant plus ce qu'il était, il te faut recourir à l'adhésion plutôt qu'à la contrainte. Le plus grand pouvoir, c'est d'être désiré. Il faut dépasser la pudeur en parvenant à mettre en scène ses talents, surmontant ainsi la timidité et la peur du ridicule. Le séducteur ne doute pas de lui-même, car son assurance fait sa force. Il s'agit donc d'acquérir cette indéfectible confiance en soi qui provient de l'accumulation des succès, elle-même issue de l'absence de doute. Tu pourras acquérir un tel aplomb en employant les techniques des acteurs qui surmontent leur trac. Pose ta voix tels tes héros télévisuels. Ils profèrent les banalités les plus crasses avec un air inspiré. N'aie donc pas peur de t'exprimer, de prendre la parole, de t'imposer. Aide-toi des récits historiques. Les révolutions procèdent non du seul jeu des institutions, mais aussi des hommes et des femmes qui se séduisent les uns les autres par la mise en scène de leurs atours, tels ces animaux qui paradent. Le paon fait la roue, le lézard se dresse sur deux pattes pour impressionner la femelle, les loups s'affrontent pour désigner le mâle dominant. Mata Hari, Hollandaise, s'était inventé un passé de princesse javanaise[5]. Les yeux de Tito étaient semblables à une paire de poignards[6]. Khrouchtchev frappait avec sa chaussure sur les tables pour se faire entendre[7]. Les talents de saxophoniste de Bill Clinton lui apportèrent autant de suffrages que son éloquence. Kennedy séduisait par la grâce de sa femme au point de se présenter comme "l'homme qui accompagne Jackie Kennedy". Henry Kissinger conquit le président Nixon par son don exceptionnel d'attention totale, allié à un talent pour l'élocution sirupeuse teintée d'accent wagnérien. Il ne parlait jamais avant que son interlocuteur ait achevé de s'exprimer, pesant chacun de ses mots, les corrigeant au besoin. Le pouvoir est, selon Kissinger, "l'aphrodisiaque le plus puissant". Comment aurait-il pu en être autrement pour un homme dont le physique n'avait rien à voir avec celui d'un séducteur ? Il faisait tourner les têtes féminines autant par la fascination de son verbe que par l'éminence de sa position toute-puissante.

Hailé Sélassié, dit le négus, empereur d'Éthiopie, conquit l'estime de Franklin Roosevelt par son charisme[8]. Le même Franklin Roosevelt charmait les millions d'Américains par des conversations au coin du feu qui les rassuraient plus qu'elles n'amélioraient concrètement leur situation. Écoute le conseil de ce dernier, qui professait que "la seule chose dont il faut avoir peur, c'est la peur elle-même[9]". Pense que cet homme infirme des deux jambes parvint à masquer son handicap pendant vingt-quatre ans en simulant une marche normale à l'aide d'attelles dissimulées. La force de la volonté permet de contourner les infirmités de notre nature. L'entêtement suffit à échapper à toute détermination, qu'elle soit génétique ou sociale[10].

Les séducteurs ont fait tomber les génies introvertis aux oubliettes, en les écrasant par la seule force de leurs atours. Ceux-ci se nomment le verbe, le charisme, la beauté subtilement apprêtée. Trouve l'accessoire qui t'est le plus approprié pour acquérir ce relief qui te distinguera de la masse informe et plate. Découvre ce pour quoi tu es le plus doué et pousses-en le principe à la perfection. Sois sourd aux quolibets, indifférent à la jalousie. Puisqu'il s'agit de t'imposer, il n'est pas nécessaire d'être réellement ce que tu prétends incarner, il te suffit de le vouloir avec obstination. Le ministre d'un Président français, à force d'insistance et en dépit de ses hésitations, obtint de lui qu'il le nomme Premier ministre en 2005. Il aurait affirmé avoir "violé" le Président[11]. Kissinger utilisait la même technique. Parmi les conseillers de Nixon, il figure à la première place de ceux qui passèrent du temps dans le bureau ovale en tête à tête avec le Président, qui était devenu *son* Président. À force de vouloir, on obtient ce qu'on veut. Il faut apprendre à vouloir.

V

MENS

Comme tous les jeunes de ton âge, tu préfères
mentir par omission. Beaucoup effectuent ce choix
par commodité morale, ils se sentent ainsi affranchis
du poids d'un vrai mensonge. La vérité est exigée,
revendiquée comme une vertu, mais rares sont ceux
qui la pratiquent dans sa forme la plus pure : celle
de la franchise. Quiconque voudrait parler en suivant le flot brut de ses pensées, croyant bien agir,
se ferait détester rapidement de ses voisins, de ses
amis et de ses collègues. La vie sociale repose sur des
boniments innombrables et permanents. Comme le
dit Stanley Fish, "la liberté d'expression n'existe pas
et c'est tant mieux[1]". Cependant, tu crois encore
comme tous les enfants que tes parents ignorent
le mensonge, agissant à ton endroit en magistrats
exemplaires. Tu t'offusques de ma capacité à sourire
à des individus puis à grimacer d'agacement sitôt
que je détourne la tête. Nous saluons chaque jour
des gens qui nous indiffèrent ou que nous détestons.
Si nous remplacions les mots avenants par la vérité
de nos jugements, la société se transformerait en
champ de bataille. Tout le monde ment ainsi tout le
temps. Parce que personne ne dit ouvertement son
envie d'en découdre avec les imbéciles, et cela est
heureux. Par ta pureté, tu ressembles à Philippe II,

roi d'Espagne, qui effraya mortellement son chancelier en lui lançant un "Quoi, vous me mentez?", avant de le disgracier. Nous, tes parents, avons perdu cette belle candeur, rejoignant ainsi le commun des adultes. Ces derniers ne montent pas en grâce avec l'âge; la vieillesse tend au contraire à accroître leur mauvaise foi. Les anciens évoquent leur époque comme idéale et vertueuse, sans se rendre compte que les sens sublimés de leur jeunesse obscurcissent leur jugement *a posteriori*. Ainsi, l'occupation allemande de Paris se résumait pour ta grand-mère aux sourires enjôleurs d'officiers allemands bien mis. Cet exemple ne fait pas exception à la puissance fondamentale et généralisée du déni humain, qui ne voit que ce qui l'arrange et ferme les yeux sur ce qui le gêne. Il vaut donc mieux garder la vérité en dedans pour conserver une absolue lucidité, et mentir au-dehors pour se protéger soi-même ainsi que ses proches. Il faut mentir sans vergogne dans ce cas. Je t'exhorte à le faire chaque fois que le mensonge rend la réalité plus supportable que la vérité, c'est-à-dire en des occasions si nombreuses que ta vie en deviendra un songe.

Mentir vaut mieux que de s'évertuer à convertir à la vérité ceux qui n'en ont que faire. Ts'ao Ts'ao, surnommé l'"Empereur du chaos", préférait "trahir le monde plutôt que de le laisser [le] trahir[2]". Je te conseillerai donc de bien mentir en respectant certaines règles dans ce domaine. La première est que le menteur est d'abord celui qui se fait prendre. La deuxième consiste à rester maître de ses mensonges, sans jamais endosser ceux des autres.

Eliot Spitzer fut ministre de la Justice de l'État de New York de 1998 à 2007. Ce fort en thème s'attaqua avec succès aux traders peu scrupuleux et démantela des réseaux de prostitution auxquels appartenait la jeune Ashley Dupré. Surnommé le "Shérif de Wall Street", cet incorruptible devint si populaire qu'il fut élu gouverneur de l'État de New York en 2007. En 2008, il dut avouer avoir été le client d'Ashley Dupré à dix reprises via un réseau de prostitution, et démissionna de ses fonctions.

Bill Clinton fut président des États-Unis de 1993 à 2001. Durant sa présidence, les États-Unis connurent la plus longue période d'expansion économique depuis la Seconde Guerre mondiale. En 1998, il fut menacé d'*impeachment*[3] par la Chambre des représentants pour une liaison avec une stagiaire de la Maison-Blanche, Monica Lewinsky. Il affirma ne pas avoir eu de relation avec "cette femme", puis dut se rétracter devant un grand jury quelques jours plus tard, reconnaissant une relation physique inappropriée.

De ces deux affaires d'humiliation publique, l'enseignement à retenir est que les menteurs se sont fait prendre parce que leurs responsabilités les exposaient à une surveillance étroite de leurs faits et gestes. Pour ne pas être mis en cause, l'homme de pouvoir ne doit donner aucune prise à ses détracteurs, qui sont nombreux à comploter contre lui. Spitzer comme Clinton comptaient maints ennemis. Spitzer était le client des proxénètes qu'il avait fait emprisonner. Clinton était poursuivi par un procureur acharné après lui, Kenneth Starr, prêt à tout pour inscrire son nom dans l'histoire à travers le récit glorieux du chevalier blanc qui aurait fait tomber le Président. La meilleure méthode de défense pour éviter de tels déboires consiste à être irréprochable. Pour cela, il te faut comprendre l'esprit des temps et des lieux. Le citoyen américain place la vertu de son représentant au sommet de ses valeurs. Clinton le savait, lui qui admit avoir fumé de la marijuana "sans avoir avalé la fumée", tout comme il sut utiliser les ressources de la grammaire et jouer des temps verbaux pour s'innocenter dans l'affaire Lewinsky. Il répondit au grand jury qui l'accusait que l'idylle avec la stagiaire n'avait aucune réalité au moment où la question était posée : la relation "n'existe pas[4]". Ce qui ne signifiait point qu'elle n'avait pas été. L'opinion américaine aurait pu mettre en balance les écarts privés du Président avec sa conduite exemplaire lorsqu'il protégeait sa mère des coups de son beau-père alcoolique. Mais, à l'époque, il n'était pas Président. Qu'il eût été un père aimant, un protecteur de ses proches et un grand homme d'État n'entrait pas en ligne de compte à l'heure des révélations sensationnelles. L'artisan des accords d'Oslo, dont le mandat coïncida avec une ère de prospérité historique aux États-Unis, ne pesait pas grand-chose face à un cigare égaré sous les jupes d'une jeune auxiliaire. La conclusion à en tirer est que l'immoralité est un défaut mineur pour l'homme politique aussi longtemps qu'il n'est pas retourné contre lui par ses ennemis. Un prince devrait être jugé sur les résultats de son action plutôt que sur sa moralité privée. Mais l'esprit des temps ne l'entend pas ainsi en Amérique. Il préfère la perfection morale apparente à la performance réelle de ses dirigeants. Là réside le paradoxe du pays élu des puritains comme des pornographes : l'hédonisme extrême y cohabite avec la pudibonderie, la liberté individuelle avec l'espionnage généralisé de la vie privée. Un exemple inverse se trouve en France où François Mitterrand, élu Président en 1981, fit en sorte que l'existence de sa fille née hors mariage restât non pas secrète mais inconnue de l'opinion publique, jusqu'à sa révélation, en 1994. Le même se savait atteint d'une maladie grave. Il décida de communiquer aux Français des bulletins de santé réguliers, tous falsifiés. Une rémission lui permit de se porter candidat à la présidence une deuxième fois en 1988, jusqu'à ce que la maladie l'oblige à révéler son état, un an avant le terme de son mandat, mettant à profit la compassion généralisée. Les fables d'hier furent passées sous silence, et commentées après sa mort. Le bon mensonge est celui qui est dévoilé lorsque le temps a supprimé son poids moral et sa charge émotionnelle. Il faut savoir se taire, faire taire les autres, et "espionner tout le monde[5]", tel François Mitterrand qui plaça sur écoute téléphonique ceux qui lui paraissaient susceptibles de révéler son secret. Coutumier de l'affabulation, il possédait cette assurance qui balayait les hésitations des sceptiques : "dans les yeux, je vous le dis", asséna-t-il à son rival qui le mettait au défi de lui mentir dans les yeux, ce qu'il fit sans ciller, emportant l'adhésion du plus grand nombre.

Il est instructif que l'opinion contemporaine outre-Atlantique paraisse intraitable vis-à-vis du mensonge public comme privé, tandis que l'opinion française semble encore s'en accommoder. L'intrusion des médias dans la vie privée des personnalités a universalisé la mise en scène de leurs écarts personnels, au point que la sphère des libertés intimes n'est plus protégée. Il serait sans doute impossible à un nouveau Gladstone (il fut Premier ministre à cinq reprises dans l'Angleterre victorienne) de fréquenter pendant quarante ans des prostituées[6] sans qu'une caméra de surveillance finisse par le disqualifier.

Le déclin du pouvoir politique contemporain a conduit à évaluer les hommes d'État d'aujourd'hui autant à l'aune de leurs mœurs que sur le bien-fondé de leur action. Cette dernière paraissant plus incertaine dans une économie mondialisée, l'attention se focalise sur le caractère distrayant ou choquant de leurs mœurs privées. Sans doute cela tient-il au voyeurisme généralisé dans lequel le sérieux de la chose publique, dont la fonction est de garantir la paix et la prospérité, est relégué au second plan par l'esprit de divertissement. S'amuser de ceux qui s'agitent sur la scène est plus distrayant que de réfléchir à ce qu'ils devraient accomplir pour améliorer la condition des spectateurs. Le citoyen romain, préoccupé d'abord par les succès militaires et l'abondance des récoltes, n'avait que faire de la moralité de ses édiles. Il est un fait que César était un grand homme d'État et que ses mœurs paraîtraient plus débauchées de nos jours que celles de Silvio Berlusconi, dont les soirées orgiaques firent scandale deux mille ans après celles du Bas-Empire. La licence des empereurs romains de la décadence reflétait celle de toute la société, habituée aux bacchanales et aux saturnales. Le politique laisse libre cours à sa libido parce que le sexe a partie liée avec le pouvoir. Le ministre britannique de la Guerre John Profumo fut acculé à la démission non parce qu'il avait eu pour maîtresse une courtisane, mais parce qu'il l'avait partagée avec un agent soviétique. Il dénia toute relation inappropriée devant la Chambre des communes en mars 1963 mais se rétracta quelques semaines plus tard. John Fitzgerald Kennedy partagea sa maîtresse Judith Campbell avec Sam Giancana, parrain de la mafia américaine. Cette liaison, connue du FBI, ne fut pas révélée, mais Kennedy puis Giancana furent tous deux assassinés. Le stupre et la débauche constituent l'exutoire des hommes de pouvoir, confrontés au fardeau anxiogène des responsabilités, jusqu'à ce que leurs mœurs entrent en contradiction avec des logiques de puissance incompatibles avec la raison d'État. Parmi les causes expliquant la chute des princes au cours de l'histoire, la préservation des intérêts supérieurs de factions influentes compte au moins autant que leur exemplarité morale.

Être irréprochable ne suffit pas, encore faut-il choisir les mensonges que tu endosses. Sois-en l'auteur réfléchi et non le héraut involontaire.

FABRIQUE TES PROPRES MENSONGES

Colin Powell occupait les fonctions de secrétaire d'État des États-Unis entre 2001 et 2005. Héros de la guerre du Vietnam, il accomplit une carrière militaire exemplaire, au cours de laquelle il se construisit une réputation de droiture et de sens de la diplomatie. La *doctrine Powell* pose les dix questions préalables à toute entrée en guerre d'un État, afin que l'utilisation de la lutte armée représente le dernier recours après que toutes les voies pacifiques d'action ont échoué. Alors que le président Bush peinait à entraîner la communauté internationale dans la guerre en Irak, il demanda à Colin Powell, unanimement respecté du monde diplomatique, de venir témoigner à l'ONU pour expliquer que l'Irak disposait d'armes de destruction massive. Celui-ci s'exécuta et s'aperçut trop tard de la faiblesse des preuves dont il disposait. Des centaines de tonnes d'armes chimiques dont il fit état, il n'existait pas un gramme, pas plus que de laboratoires biologiques ambulants, ni encore d'anthrax dont il agita pourtant une fiole au cours de sa démonstration. La guerre fut fondée sur un gigantesque mensonge, à propos duquel Colin Powell dit qu'"il occupera une grande place dans [sa] nécrologie". Il s'efforça de rendre plausible une fable dont il n'était pas l'auteur. Il exigea d'ailleurs que George Tenet, le directeur de la CIA, fournisseur des fausses preuves, figure juste derrière lui au cours de la présentation du dossier. En vérité, le pseudo-discours était fabriqué par d'autres, parmi lesquels George Tenet et Dick Cheney, le vice-Président, qui lui glissa avant sa présentation : "Allez, tu es au plus haut dans les sondages, tu peux te permettre de perdre quelques points." Il perdit toutes ses chances de devenir le prochain candidat à la présidence, sacrifié par les faucons du Président. Colin Powell aurait voulu dire la vérité, là réside son malheur devant l'Histoire, pour qui il restera au mieux un homme crédule, au pis un naïf qui aurait dû suivre la règle numéro 7 des lois du leadership de management, dont il était l'auteur : "Vous ne devez pas prendre les décisions qui incombent à d'autres[7]." En te fixant une ligne de conduite similaire, tu n'assumeras pas les mensonges légitimant une décision que tu désapprouves.

Cela consiste à parler avec la plus grande assurance, à feindre la vertu ou encore à donner à ses propos plusieurs sens possibles.

L'aplomb est la qualité maîtresse du menteur. Il n'est de meilleure diversion à la vérité que de clamer avec assurance son exact contraire. Les fariboles prononcées avec fermeté deviennent plausibles.

Jérôme Cahuzac, ministre du Budget en France en 2012, soupçonné de détenir un compte bancaire frauduleux à l'étranger, choisit de contredire la rumeur en affirmant solennellement, dans l'hémicycle de l'Assemblée nationale, que les accusations portées contre lui étaient infondées. L'immense majorité de ses amis, et même ses rivaux, le crurent, tant sa parole était assurée. Néanmoins, les preuves de son forfait, étayées par sa propre imprudence, l'obligèrent à avouer sa faute quatre mois après sa déclaration à l'Assemblée et à demander "pardon" au Président, qui évoqua en réponse une "'impardonnable faute morale". Puisqu'un criminel peut racheter ses fautes, un ministre corrompu a plus encore droit au pardon. S'agissant d'argent frauduleusement caché au Trésor public, l'entorse à l'éthique frappe par son énormité, mais elle rappelle que l'essence du pouvoir réside dans la tentation. Le pouvoir est corrupteur. Sa pratique quotidienne consiste à recevoir des solliciteurs qui réclament avantages, passe-droits, interventions, autorisations. Il est amusant de retrouver ceux-là mêmes qui se plaignent des concussions venir réclamer aux élus un logement, un emploi, une place ou une intervention quelconques pour arranger leurs affaires. La vertu est attendue pour les autres, rarement pour soi-même. Les parangons de moralité qui cherchent à remédier à la corruption des élites doivent agir discrètement s'ils ne veulent pas se retrouver mis en accusation à leur tour. Nommé Premier ministre en 1992, Pierre Bérégovoy fit de la lutte contre la corruption sa priorité, prononçant ces mots devant l'Assemblée nationale : "On soupçonne certains hommes publics de s'être enrichis personnellement de manière illégale. S'ils sont innocents, ils doivent être disculpés ; s'ils sont coupables, ils doivent être châtiés [...]. J'ai ici une liste de personnalités dont je pourrais éventuellement vous parler. Je m'en garderai bien !"

Le papier brandi par le chef du gouvernement ne comportait aucun nom. Quelques mois après cette déclaration, il fut mis en cause dans des affaires qui ne connurent aucune suite judiciaire mais minèrent sa crédibilité. Il se suicida le 1er mai 1993. Le président de la République dénonça qu'on ait pu "livrer aux chiens l'honneur d'un homme et finalement sa vie". Les juges et les journalistes furent mis en cause, le chef de l'État oubliant que si ces derniers avaient choisi d'écrire ou de poursuivre, ils l'avaient fait sur la base de sources alimentées par les ennemis comme par les prétendus amis de la cible à abattre. L'homme politique possède presque toujours sa part d'ombre. Si d'aventure il s'avère irréprochable, la calomnie suffit à le déstabiliser. Dans l'arène cruelle des joutes pour le pouvoir, il ne faut pas t'indigner que l'homme de bien utilise les mêmes armes que les méchants pour se défendre en jouant la comédie de l'innocence.

Le déni est non un vice mais une vertu pour l'homme politique. La vertu feinte l'est aussi. Robert Hanssen, le plus grand agent double de tous les temps, organisateur de fuites aux effets dévastateurs pour le contre-espionnage américain, se rendait à la messe tous les jours à 6 h 30. Il avait pour habitude de s'insurger, devant ses collègues américains, contre l'impiété des agents russes, auxquels il livra pendant vingt-deux ans six mille pages de documents militaires secrets comportant les noms des espions employés par la CIA en Union soviétique, les vouant ainsi à une mort certaine.

LE MEILLEUR MENSONGE EST CELUI QUI RECÈLE PLUSIEURS VÉRITÉS CONTRADICTOIRES

Mentir savamment, c'est réussir à emporter l'adhésion du plus grand nombre sans prendre d'engagements clairs. Le sommet de cet art a été atteint par le général de Gaulle, le 2 juin 1958 à Alger. La France subit une crise de régime, divisée entre partisans et opposants à l'Algérie indépendante. Le général est appelé au pouvoir par les partisans de l'Algérie française. Il sait cependant que l'indépendance de l'Algérie est inéluctable. Sa parole publique est attendue par les deux parties. Il s'agit d'éviter que le pays ne s'embrase dans une guerre civile. Le président du Conseil nouvellement nommé pour sauver la République aura ces premiers mots pour ne décevoir personne : "Je vous ai compris." Tous pensèrent avoir été compris. La foule réunie sur le forum l'acclama avec ferveur et fraternité. La guerre civile fut évitée. Plus tard, les partisans de l'Algérie française qui avaient cru à ses paroles se sentirent dupés. Ils le surnommèrent "le traître" et certains tentèrent de l'assassiner. L'Histoire lui donnera raison.

Comprendre l'époque où tu vis te permettra d'éviter que tes impostures n'engendrent des effets indésirables. Un bon mensonge est celui qui évite ta souffrance et celle de tes proches. Prends garde cependant à la société, car elle t'observe. Plus tu deviendras puissant, plus elle t'épiera avec des moyens techniques de surveillance inégalés dans toute l'histoire. Ne donne aucune prise à la rumeur, sois donc exemplaire selon les normes de la société où tu vis. Si tu recherches la liberté dans le domaine des mœurs, renonce à l'exercice du pouvoir politique.

VI

ENRICHIS-TOI

L'argent domine tant et si bien le monde que les enfants n'hésitent plus à demander à leurs parents d'"acheter de l'argent" au distributeur de billets. Il s'agit de se procurer le jouet ou la friandise qui leur manquent. Tu veux toi aussi toujours plus, tu exiges plus de confort, de plaisirs et d'interactions sociales. Tu es l'incarnation banale de l'individu moderne, né de la révolution du "plus[1]" : *plus* mobile, *plus* avide de richesses et *plus* contestataire. L'acquisition des richesses fait l'objet d'une compétition où chacun a sa chance, aujourd'hui plus qu'hier. Les multinationales des années 1950 (Kodak, General Motors) jugées toutes-puissantes ont soit disparu, soit été supplantées par de nouveaux géants fondés par des adolescents à peine plus âgés que toi. Les *tycoons* dominent le monde. Le nombre de milliardaires en dollars a atteint en 2012 le chiffre ahurissant de 1 226, effectif sans précédent dans toute l'histoire. Dix pour cent de la population américaine accapare près de la moitié du revenu national, contre un tiers il y a quarante ans[2]. La richesse se concentre entre les mains de quelques-uns, mais leur situation reste fragile car c'est l'esprit, non le capital, qui domine le monde. Or l'intelligence n'est pas héréditaire, elle s'offre aux audacieux, aux travailleurs ou aux élus du hasard de la génétique. Elle est fille de la Fortune. La Fortune te sourira comme à Rastignac, qui s'écrie en contemplant les richesses du Paris bourgeois : "À nous deux maintenant[3] !"

Ce sont les ploutocrates modernes qui dictent leur volonté et mènent leur propre politique en exerçant plus d'influence sur la vie quotidienne de tout un chacun que les États. Le pouvoir de l'argent est immense, à tel point que les hommes persistent à oublier plus facilement la mort de leur propre père que la dépossession de leur patrimoine. Certains grands-parents, aujourd'hui, préfèrent se plaindre de la perte d'un héritage dilapidé par leurs aïeux plutôt que de s'apitoyer sur le trépas de ces derniers au fond d'une tranchée. Dans les villes, les rues bruissent de conversations qui portent sur l'argent, y compris chez ceux qui ne vivent pas dans le besoin. Chaque soir, devant le totem télévisuel, l'augmentation des taxes, l'élévation du prix du carburant, la mode de la revente de cadeaux de Noël apparaissent comme des informations plus dignes d'intérêt que le déclenchement d'une guerre, la mort de milliers d'innocents à l'autre bout du monde ou la signature d'un accord de paix. Le besoin d'argent, quand il tourne à l'obsession, restreint ton horizon et amoindrit ton intellect. Or le savoir est la plus grande des richesses. Son accumulation est préférable à celle du capital : les productions de ton esprit perpétueront ta mémoire, à la différence des rentes issues de tes placements. Commence donc par t'instruire. Les royalties de l'intelligence te permettront d'acquérir la liberté de faire ce que bon te semble. Il est sain de se le rappeler. La peur du manque, lorsqu'elle confine à l'obsession, tire les hommes vers le bas. Les avides ne voient guère plus loin que la satisfaction immédiate de leurs instincts animaux. Lorsque la faim nous prend, observer les gens mastiquer derrière les vitrines d'un restaurant bon marché suffit à calmer notre appétit. S'exercer au jeûne permet d'apprendre à contrôler ses envies, vertu bien utile lorsque tous autour de toi céderont à la fureur de leurs pulsions avides, tandis que tu garderas la maîtrise de toi-même.

Devant une assiette remplie qu'un enfant rechigne à vider, il ne sert à rien d'évoquer ceux qui n'ont pas la chance de pouvoir manger à leur faim. Finir son assiette n'améliorera pas la situation. Le pouvoir d'achat d'un félin élevé dans un foyer occidental est supérieur à celui d'un Indien. Mais un tel constat n'apporte aucune solution susceptible de mettre un terme à cette iniquité. L'indécence des inégalités n'est pas plus choquante que nos prétentions morales. Nous nous insurgeons sans envisager de solutions. Or, posséder est le propre de l'homme. Je trouve bien hardis ceux qui ne cessent de souligner l'immense injustice du monde tout en accumulant des biens sans aucune intention de les partager. Il s'agit sans doute d'amender sa conscience par des imprécations insincères. La plupart des enfants n'hésiteraient pas à offrir leur pitance au premier clochard venu, parce qu'un jeune esprit n'est pas encore gâté par le vice de l'hypocrisie morale. Le discours culpabilisant des apôtres de l'égalité masque un narcissisme profond : la déploration sert à se déclarer moralement supérieur aux autres. Des philosophes déclarent que "la propriété c'est le vol" autour d'un festin qu'ils ne songeraient cependant pas à partager avec les pauvres. Il en va de même de leur compte bancaire. L'argent est en vérité la manifestation de la liberté, "le plus magnifique instrument de liberté que l'homme ait jamais inventé[4]".

Nous vivons dans un monde qui donne sa chance aux esprits libres, où le génie déployé par trois chercheurs dans un garage peut en quelques années bouleverser la vie quotidienne de milliards de personnes. Le premier ordinateur, Internet, les moteurs de recherche sont nés de jeunes cerveaux inventifs qui ont transformé leurs intuitions avant-gardistes en richesses pour le plus grand nombre. Il est légitime qu'ils se soient enrichis dans une proportion infime de ce qu'ils ont apporté à l'humanité. Ces inventeurs à peine trentenaires viennent agrandir la population des ploutocrates qui mènent le monde. Ils ont conquis la liberté totale, celle de ne plus avoir à travailler pour se consacrer à ce qu'ils aimaient. Ne crains donc pas l'opulence, car elle te rendra libre de faire ce que tu veux. Cherche à devenir un riche et ce sans ressentir aucune culpabilité. Par un paradoxe qui s'explique par des présupposés culturels dominants, propres à certains pays tels que celui où tu vis, la prospérité est encore considérée avec suspicion par l'opinion commune, comme si elle avait forcément à voir avec une forme d'injustice ou d'exploitation d'autrui. Rockefeller voulait vivre cent ans et accumuler 100 000 dollars. Il a vécu quatre-vingt-dix-sept ans et amassé une fortune estimée à 200 milliards de dollars à la fin de sa vie. Mark Zuckerberg possédait quant à lui près de 19 milliards de dollars à vingt-trois ans. En quoi les blâmer, et pourquoi t'en émouvoir? De grands moralistes ont décrété que la propriété était le fruit du péché originel du premier homme ayant eu l'idée de clore un terrain puis de déclarer "Ceci est à moi"[5]. L'affirmation selon laquelle la propriété serait contraire à l'humanité est contredite par des millions de nourrissons qui s'agrippent à leur biberon puis, quelque temps après, crient "À moi!" en plaquant une girafe en plastique contre eux. Chérir un objet comme le prolongement de son corps, c'est chercher à l'aimer et à le protéger comme une part de soi, c'est jouer avec lui pour mieux grandir. Des parents s'attendrissent devant leur enfant qui reste rivé à son jouet, tandis que leur regard se durcit dès qu'il s'agit d'argent. Je suis devenu comme eux, intraitable en affaires. La probabilité statistique de mourir augmentant à chaque nouvelle année, tout particulièrement après quarante ans, je devrais maintenant accorder moins d'importance aux biens matériels, dont la durée de jouissance m'est comptée. Les choses inanimées ne se souviendront pas de l'attachement que je leur portais, alors que toi, si. Pourtant je continue d'accumuler des fétiches qui ne me seront d'aucune utilité après la mort. L'acquisition d'objets matériels n'apporte aucun supplément de vie. En revanche, la persistance de mon esprit à travers toi représente la plus grande des richesses. C'est la seule vanité que je revendique. L'argent permet de bien vivre et non de bien mourir, n'en déplaise à Harpagon, qui déclare que sans l'argent "il [lui est] impossible de vivre[6]". Sans doute vaut-il mieux subir l'ingratitude de ses proches, ou se sacrifier pour leur survie. Le père Goriot meurt seul dans l'indigence après avoir distribué toute sa fortune à ses filles. Le pélican d'Alfred de Musset nourrit ses petits affamés en s'ouvrant les entrailles. Entre ces figures hyperboliques, il existe des parents qui veillent simplement à ce que leurs enfants ne manquent de rien, même après leur trépas. "Ce qui rend avide et rapace, c'est la terreur de manquer[7]."

L'INÉGALITÉ, CONDITION NÉCESSAIRE
AU DÉPASSEMENT DE SOI

La pauvreté la plus extrême continue d'exister au cœur des villes les plus riches du monde. Les passants battent le pavé de l'opulence urbaine, en enjambant les mendiants sans aucun émoi pour la précarité de leur condition. Cette forme la plus extrême d'inégalité choque le sens commun. "Pourquoi y a-t-il des clochards?" Telle est la question qui surgit chez toi comme chez tous les enfants, qui s'étonnent que des gens puissent vivre dans la rue. Cette interrogation met les parents mal à l'aise, elle appelle des explications qui terminent rapidement la discussion : la personne a perdu son emploi, elle est trop malheureuse pour prendre soin d'elle, la santé physique et morale lui fait défaut, un mauvais divorce lui a fait perdre son logement. Ces réponses dévoilent à tes yeux innocents la férocité de la société marchande. Elle exclut ceux qui ne valent plus rien. La vision du clochard représente souvent la première inquiétude de l'enfant, qui prend conscience que ce destin guette tous ceux qui s'écartent par malheur ou accident de la route principale. La loi du marché assigne une valeur monétaire à toutes les choses, avec plus ou moins d'équité. L'inégalité des rémunérations s'étend aux fiches de paie des parents, y compris lorsqu'ils sont également éduqués et méritants.

Tu pris conscience une nouvelle fois de l'injustice inhérente à la toute-puissance du marché lorsque tu remarquas les écarts de salaire entre tes parents. Selon que l'on naît homme ou femme, le salaire est plus élevé pour le premier que pour la seconde à qualifications comparables. Le mérite de ta mère étant certainement supérieur au mien, sa condition de femme continue cependant d'agir contre elle, sans que je m'en émeuve, jouissant secrètement de ma condition de mâle. Peut-être faudrait-il répondre à l'enfant qui découvre l'injustice que celle-ci existe en raison de l'imperfection de la société. À celui qui s'interroge sur l'existence même des inégalités, que ces dernières peuvent être justes.

Plutôt que d'opter pour une vision caricaturale d'un monde fondé sur l'injustice et la sauvagerie, je préfère t'inviter à réfléchir à la formule de la *Théorie de la justice*[8] qui énonce que l'inégalité est légitime dans la société dans la mesure où elle permet d'améliorer le bien-être de chacun. Si la société veillait à l'égalité absolue entre tous les hommes, tu te trouverais dans la situation où chaque élève de ta classe aurait la même note et ce quels que soient les efforts qu'il fournit ou la qualité de sa copie. Dans une telle configuration, l'encouragement à donner le meilleur de soi-même disparaît. Cela te paraît trop simple, sans doute, alors réfléchis au visage que prendrait une société d'égalité.

Il s'est trouvé nombre d'intellectuels pour recommander qu'une puissance supérieure, étatique ou bureaucratique, prenne en charge tes choix économiques pour rétablir la justice et corriger les inégalités entre les hommes. Il est tentant de distinguer la sphère de l'argent et du travail – des domaines peu nobles dont l'État peut s'occuper entièrement à ta place – de celle concernant tes habitudes, tes idées ou encore tes choix amoureux, qui relèvent quant à eux de ta vie intime. Ce serait là un bon compromis entre le despotisme administratif dans des domaines sans importance et ta liberté pour les sujets qui ne regardent que toi seul. Or rien n'est plus faux. Remplir ton compte en banque ne devrait relever que de tes seuls efforts, de la puissance de ton imagination, de ta créativité et de ta personnalité. Qu'une administration puisse s'approprier le fruit de tes mérites est une idée qui te révolte. La manière dont tu dépenses ton épargne ne regarde que toi. De la même façon, isoler la vie économique du reste de la vie relève de l'abstraction intellectuelle.

Quand des bureaucrates utilisent la puissance de l'État qu'ils représentent pour se mêler d'économie afin de répartir les fruits de la richesse, ils s'insinuent petit à petit dans tous les sujets, avec la complicité d'"une foule innombrable d'hommes semblables et égaux […]. Au-dessus de ceux-là s'élève un pouvoir immense et tutélaire, qui se charge seul d'assurer leur jouissance et de veiller sur leur sort[9]." Défie-toi de toute instance, qu'il s'agisse d'un individu ou d'un État, qui prétendrait te dicter ta conduite dans un domaine quel qu'il soit. La passion de l'égalité, maladie de la démocratie, conduit chacun à rechercher la satisfaction des plaisirs, et à se tourner vers l'Administration pour y pourvoir. "Tout Français désire bénéficier d'un ou plusieurs privilèges. C'est sa façon d'affirmer sa passion pour l'égalité[10]." Mais mon rôle n'est pas de te maintenir sous ma tutelle, il consiste au contraire à t'éduquer pour faire de toi un adulte libre.

L'économiste Friedrich A. Hayek écrivait que la route de la servitude était tracée en Allemagne dès 1928, avec un État qui prélevait 48 % de la richesse nationale et contrôlait toute la vie économique de la nation. En France, l'État représente 46,5 % de la richesse nationale, marquant l'omniprésence de l'Administration dans la vie quotidienne. Cet indice constitue le symptôme de mauvaise santé d'une ancienne grande nation prospère. L'État tout-puissant veut s'ingérer dans toutes les affaires, au nom de l'intérêt général, contribuant à décourager les volontés individuelles qui constituent pourtant sa substance. Il n'est rien de plus lassant que de se dire que tes efforts seront insuffisants pour améliorer ta condition, qu'ils ne seront rien sans la reconnaissance d'une autorité supérieure, qui fixera ton salaire en fonction de ses propres objectifs et non de ton seul mérite. Il est plus motivant de travailler pour toi, de te donner la peine d'atteindre un but qui sera reconnu par une somme d'argent plutôt que par une médaille du travail décernée par un ministre de la Parole. Les programmes d'histoire du collège donnent le chiffre de la production des "lopins de terre" que les planificateurs soviétiques laissaient à la libre disposition des agriculteurs, à l'époque de l'URSS. Ces jardins privatifs représentaient 1 % de la surface cultivable mais le quart de la production nationale. Pendant ce temps, Stakhanov, l'incarnation du travailleur kolkhozien infatigable, accumulait les distinctions, récompensant une productivité d'autant plus surnaturelle qu'elle reposait sur la fraude sciemment entretenue par la propagande[11]. L'appel au sens du collectif est une duperie entretenue par les tyrans en puissance. À l'inverse, la prise en compte de l'égoïsme consubstantiel à l'homme est la meilleure des incitations productives. Dans l'économie marchande mondialisée, la perfection de tes talents est rémunérée par un prix. Il est lui-même déterminé par la rencontre entre ceux qui demandent et ceux qui offrent. Le talent de Léonard de Vinci était inestimable, mais Julien de Médicis ne l'escomptait pas à sa juste valeur. De Vinci quitta donc la Rome des Médicis pour rejoindre François Ier, qui l'accueillit en 1516 par ces mots : "Ici, Léonard, tu seras libre de rêver, de penser et de travailler." Les voies accidentées de la Renaissance ont été remplacées par des autoroutes, l'imprimerie de Gutenberg par l'information mondiale instantanée, le latin et le grec par l'anglais. L'intelligence se joue des frontières, aujourd'hui plus encore qu'hier, c'est elle qui choisit sa terre d'élection. Les génies savent qu'ils peuvent errer sans risque tant que leur grâce les protège, tel Einstein qui déclarait : "Je passe actuellement en Allemagne pour un savant allemand et en Angleterre pour un juif suisse. Supposons que le sort fasse de moi une bête noire, je deviendrai au contraire un juif suisse en Allemagne, et un savant allemand en Angleterre[12]." Ne crains rien pour ton avenir, car, tant que tu posséderas une once de l'acuité d'un Einstein, c'est toi qui choisiras ta destination.

L'argent n'est que la consécration de ta capacité à donner le meilleur de toi-même. Il te reste à savoir comment l'exprimer.

VII

DÉPASSE-TOI

APPRENDRE À DEVENIR UN AUTRE

"C'est un fou", dis-tu souvent, répétant l'expression favorite des jeunes gens lorsqu'il s'agit d'exprimer leur admiration à l'égard des footballeurs, ces gladiateurs modernes dont les prouesses sportives sont inversement proportionnelles à leur talent rhétorique. Être "fou" consisterait donc, selon toi, à sortir de soi-même, à surmonter tes imperfections au point de devenir un autre, dont le talent se situerait au-dessus des normes humaines. Oublier qui tu es, t'affranchir des pesanteurs du moi, te permettra effectivement de donner le meilleur de toi-même. Offrir les mille visages adaptés aux circonstances te conduira à être tout à la fois cruel, magnanime, sincère, menteur, courageux, lâche, divertissant, discipliné, créatif, ordonné, séducteur, autoritaire, franc, duplice, émotif, indifférent. Il n'existe ni qualités ni défauts, mais des comportements adaptés au contexte de ton action, parce qu'"il n'y a pas de lois, il n'y a que des circonstances[1]". Il te faut apprendre à agir contre tes penchants naturels, contre ta personnalité, contre tes convictions, afin de tirer parti des opportunités ouvertes par un contexte favorable.

Deviens un autre. Joue la comédie de ton changement. Pense aux larmes d'Hillary Clinton. Réputée
insensible, elle était distancée en 2008 par son rival
à la candidature présidentielle, Barack Obama.
Critiquée pour son incapacité à susciter l'affection
de ses électeurs potentiels, elle pleura devant les
caméras du monde entier, évoquant l'"avenir de nos
enfants" à propos de son élection. Les commenta-
teurs fustigèrent la sensiblerie affectée d'une femme
jugée froide et indifférente. L'émotion d'Hillary
Clinton n'était sans doute pas simulée, mais elle
procédait d'un mouvement double : la sincérité
de ses larmes était inspirée autant par la perspective insupportable de la défaite que par une ultime
manœuvre tactique pour l'emporter. Il s'agissait
de mettre en scène l'humaine compassion d'une
femme présidente, afin de renverser le sort. Battue
en 2008, cette dernière lutte encore pour se hisser
au poste suprême à l'heure où j'écris ces lignes. Les
électeurs, influencés par les préjugés de leur pays,
inclinent à penser que les femmes se comportent différemment des hommes en politique. La lutte pour
le pouvoir ignore pourtant les catégories sexuées, car
elle répond à des considérations qui se situent hors
du champ du genre masculin ou féminin. L'appar-
tenance à l'un des deux sexes n'implique aucune différence quant à la manière de gouverner. Machiavel
savait la femme aussi égoïste et féroce que l'homme.
Dans sa pièce de théâtre *La Mandragore*[2], la belle
et vertueuse Lucrezia, une fois séduite par Calli-
maco, change de nature : elle devient une créature
attentive à ses seuls intérêts, prête au mensonge et à
l'infidélité. Le même Machiavel connaissait la force
animale de Caterina Sforza, capable de traverser à

cheval le Tibre en 1484 afin de soumettre le château Saint-Ange de Rome ou de soulever sa robe
face aux ravisseurs de ses enfants en leur clamant :
"J'ai ce qu'il faut pour en faire d'autres." La douceur
féminine s'efface devant l'appétit de domination,
qui transcende les genres. L'essence du pouvoir se
situe au-delà des considérations morales. Ces dernières sont incompatibles avec les nécessités de son
exercice. Une invention culturelle telle que l'instinct
maternel, qui réunirait toutes les femmes autour de
l'amour des enfants, n'est guère de mise en politique. La femme politique qui se différencierait, de
par sa pratique du pouvoir, de celle de l'homme,
n'existe pas.

Indira Gandhi, deuxième femme de l'histoire
élue démocratiquement à la tête d'un gouvernement, fut Premier ministre de l'Inde de 1966 à 1977,
puis de 1980 à 1984. En 1975, alors qu'elle se trouvait acculée à la démission par un arrêt de la Cour
suprême qui annulait son élection, elle décréta l'état
d'urgence, abolit les libertés civiles, emprisonna
ses opposants et censura la presse. Son fils Sanjay
connut une ascension fulgurante, jouant un rôle clef
dans une campagne de stérilisation de la population[3]. Revenue au pouvoir en 1980, Indira Gandhi
s'opposa aux visées séparatistes des sikhs et ordonna
à ses généraux de déclencher en 1984 l'opération
Blue Star. Ses troupes donnèrent l'assaut au temple
d'Or à Amritsar. Les militants armés qui s'y étaient
réfugiés furent massacrés en même temps que des
milliers d'autres personnes. Quatre mois après cette
boucherie, Indira Gandhi mourut assassinée par
deux de ses gardes du corps, des sikhs. Son meurtre
déclencha des émeutes et une violente animosité

contre les sikhs, qui entraînèrent la mort d'un millier de personnes. Pourtant, à l'âge de quinze ans, Indira Gandhi incarnait la bonté immaculée. Un cliché la représente alors qu'elle prépare un jus d'orange au Mahatma Gandhi, la "grande âme" non violente, lors de l'une de ses célèbres grèves de la faim, en 1932. On la voit aux côtés du guide, alité et faible, tandis qu'elle sourit de manière angélique. Ainsi, les non-violents d'hier, quelles qu'aient pu être leur bonté ou leur grandeur d'âme, finissent par oublier leurs convictions humanistes à force d'exercer des responsabilités écrasantes. La pratique du pouvoir s'apparente à une addiction qui détruirait une à une les valeurs de son hôte, prêt à y renoncer du moment qu'il continue à se nourrir de l'ivresse procurée par la puissance. Le pouvoir rend insensible. Margaret Thatcher déclara après la mort de Bobby Sands, consécutive à soixante-six jours de grève de la faim : "M. Sands était un criminel condamné. […] Un crime est un crime et n'a rien de politique." La Dame de fer n'était ni Dame ni d'airain, mais un animal politique, dont une des qualités consiste à rester indifférent à la souffrance humaine. La compassion inhibe la prise de décision, car celle-ci implique l'exercice d'une violence. Partir du postulat qu'il faut t'endurcir pour agir constitue le premier pas vers ton dépassement.

COMMENT T'ENDURCIR PAR L'INCONFORT

Oublie donc tous tes présupposés sur ce qu'il conviendrait de faire ou de dire pour acquérir de l'influence, car aucune ligne de conduite n'est écrite à l'avance. Il t'est impossible de modifier le cours des événements selon tes vœux ou d'agir à contre-courant, car tu serais seul contre sept milliards d'individus aussi libres que toi. Le monde n'est pas dur, il est tel qu'il est et non tel que tu l'imagines. Rappelle-toi qu'il échappe à ta volonté, cela te donnera le désir d'agir avec lui, de l'épouser entièrement plutôt que de le défier inutilement. Pour y parvenir, mets-toi à l'épreuve. Développe tes facultés, stimule-toi, fais jaillir les esprits animaux qui te saisissent lorsque tu ne parviens pas à te connecter aux voies impénétrables du *dieu* de ce début de millénaire que tu appelles Internet. Je crois qu'un jeune d'aujourd'hui serait capable d'accomplir l'impossible pour une perfusion le raccordant au réseau mondial. Il n'est d'aiguillon plus puissant pour se dépasser que celui de la satisfaction d'un désir irrépressible. La puissance de la motivation personnelle suffit à réussir les plus improbables des tâches, à faire naître des trésors insoupçonnés d'ingéniosité. La mission des parents consiste à déclencher l'étincelle de curiosité qui finira par allumer un foyer plus vaste. Il faut savoir éveiller l'intérêt pour toutes les choses et susciter l'inconfort nécessaire au développement de facultés insoupçonnées.

Démosthène, le plus grand orateur du miracle grec, passa sa vie à lutter contre le bégaiement, d'abord en plaçant des cailloux dans sa bouche, puis en s'attaquant au tyran le plus redoutable, Philippe de Macédoine. Il avait selon Plutarque "une voix faible, une élocution confuse et un souffle court[4]", et il ne cessa de se mettre en danger, en luttant avec succès contre sa propre nature. Comme tous les adolescents de ton âge, la moindre de tes imperfections te complexe au point que tu cherches à la masquer par de savants artifices. Tu abrites tes transformations physiques sous une capuche, tu manges les mots que tu prononces afin de les soustraire à l'inquisition parentale. Ne construis pas une forteresse autour de tes prétendues faiblesses. Au contraire, mets-les en scène et place-les au grand jour afin de mieux les surmonter. Ne laisse pas les frustrations dégrader ta personnalité. Ivan le Terrible, premier tsar de Russie, dut endurer pendant son enfance toutes les humiliations de la part des boyards, parmi lesquels figurait Andrei Chouïski. Ivan les contemplait avec effroi souiller son lit de leurs bottes crottées, et devait subir d'innombrables maltraitances. Ce dernier en conçut une brutalité sans limites, jetant dès l'enfance les chats et les chiens par les fenêtres. À l'âge de treize ans, il se résolut à faire exécuter Chouïski dans la souffrance[5], et devint, de prince faible luttant pour sa survie, le tsar, surnommé plus tard "le Terrible", à la cruauté sans égale. Guillaume Ier, roi de Prusse, était sur le point d'abdiquer quand Bismarck parvint à lui redonner le courage d'affronter l'adversité. Le chancelier galvanisa le roi en lui montrant sa volonté absolue de restaurer le pouvoir de l'État prussien, même au prix de la dictature[6]. Le roi résigné devint huit ans plus tard empereur d'Allemagne.

Plutôt que d'attendre des autres, à l'instar de Guillaume Ier, qu'ils te violentent et t'abîment, exerce-toi à susciter ton inconfort pour t'améliorer afin d'accomplir tes desseins, en modifiant constamment ton point de vue sur ce que tu fais. À la façon des archers qui "visent beaucoup plus haut que leur but quand celui-ci leur paraît trop lointain ; non pour réellement atteindre de leur flèche une si grande altitude, mais pour frapper, grâce à cette haute visée, la cible qu'ils avaient choisie[7]". Change de perspective, juche-toi sur un rocher haut, comme ces mouflons corses que tu poursuivais dans les montagnes, puis scrute l'horizon. Fais de même lorsque la routine quotidienne t'amène à répéter les mêmes tâches, astreins-toi à la briser par des actes irréfléchis. Nourris ton ambition, regarde-toi agir, demande-toi où tu vas et ce que tu veux.

SOIS AUDACIEUX ET IMPRÉVISIBLE

J'en viens maintenant à la partie qui me semble être la plus utile pour ton enseignement. Il te faut sortir des chemins tracés à l'avance, afin d'être celui que tu veux devenir. Pour le comprendre, prends tes distances avec les idées reçues. Des mots tels que l'homme d'affaires *sans scrupule*, l'homme politique *corrompu*, le savant *fou*, l'artiste *maudit*, sont fondés sur des caricatures qui ne correspondent pas à la réalité, plus complexe qu'elle n'y paraît. Les adjectifs accolés à ces noms laissent entendre que l'homme qui s'accomplit vendrait son âme, sa raison ou son sens moral en contrepartie de la réussite, par un pacte faustien qui le condamnerait à la damnation éternelle. J'ai cédé comme tout un chacun à ces interprétations si rassurantes, hypnotisé par l'universelle jalousie envers mon prochain. Toute réussite de l'autre m'apparaît suspecte ou illégitime, alors qu'elle devrait m'ouvrir les yeux sur mes propres limites. Je me réfugie donc dans une posture morale en exigeant de la droiture de ceux qui sont au pouvoir. En vérité, je leur en veux d'en posséder plus que moi. Plutôt que de regarder les qualités qui les ont élevés vers d'importantes responsabilités, je les rabaisse en m'attachant aux motifs suspects de leur réussite. Ne cède pas à l'illusion créée par la jalousie, car elle t'empêche d'observer les traits les plus révélateurs des personnalités qui parviennent à leurs fins. Vois dans le succès le fruit de facultés exceptionnelles et d'intuitions géniales plutôt que la simple addition de bassesses. Ne te laisse pas abuser par les discours moralisateurs masquant l'aigreur de la frustration. Parmi les vertus de ces princes modernes, un trait de caractère entraîne tous les autres : l'anticonformisme, qui conduit à ne rien s'interdire ni par la pensée ni par les actes. Une telle qualité est décrite par Érasme : "Deux obstacles principaux empêchent de réussir aux affaires : l'hésitation qui trouble la clarté de l'esprit, et la crainte, qui montre le péril et détourne d'agir. La folie en débarrasse à merveille, mais peu de gens comprennent l'immense avantage qu'il y a à ne jamais hésiter et à tout oser[8]." Les esprits créatifs possèdent cette forme de folie anticonformiste. Ils restent sourds aux sirènes bien-pensantes de leur époque lorsqu'elles vont à l'encontre de leurs intuitions. Ils tirent parti des modes et de la moindre des opportunités. Steve Jobs appartenant à cette espèce. Lui qui fut bercé, il y a cinquante ans, par la culture hippie, apparue dans les années 1960, qui promouvait la paix, l'amour et les cheveux longs, cessait d'être non violent dès qu'il s'agissait d'argent. Il n'hésita pas à spolier son ami proche Daniel Kottke de la manne financière prodigieuse issue de la réussite de l'entreprise qu'il avait fondée avec lui. En trente ans, ses innovations dans les domaines des ordinateurs, des tablettes et des téléphones intelligents ont contribué à propager la plus vaste pandémie du XXIᵉ siècle : la maladie du voyeurisme universel. Grâce à lui, les narcisses se contemplent à chaque instant à travers le miroir de leur écran. Son ami Bill Gates n'a rien à lui envier en matière de compassion, lui qui répliquait sèchement à ses employés trop gentils que leur place n'était pas dans son entreprise, mais plutôt dans l'organisation humanitaire du Peace Corps[9]. Jobs aimait moquer son rival, Bill Gates, en disant de lui que son esprit aurait gagné en créativité "s'il avait utilisé l'acide". Je pense que l'usage des psychotropes ne suffit pas à expliquer le destin exceptionnel de ceux qui sont capables non seulement de penser différemment[10], mais de traduire leurs idées en actes.

Il ne s'agira pas tant pour toi d'avoir raison ni même d'avoir des idées que de t'emparer des inventions d'autrui afin de les transformer en actions. Or, l'application de ces idées repose elle aussi sur la bonne volonté des autres. Tu peux en conclure qu'il te faut acquérir une *formidable assurance*, une qualité qui ne suffit pas à faire de toi un génie, mais qui te conduit à dicter tes intentions aux gens. L'assurance te procure un ascendant sur la volonté d'autrui, guidée par ce que La Boétie dénommait la "servitude volontaire", c'est-à-dire l'obéissance instinctive des hommes, couplée au confort de l'esclavage. La soumission naturelle tend à s'effacer au profit d'autres formes de domination non violentes.

La vie des tyrans cités par Machiavel abonde en violences. Les despotes éliminaient ceux qui se dressaient sur leur route, y compris ceux qui les avaient servis loyalement. César Borgia fit exécuter son gouverneur de Romagne, Remirro d'Orca, après que ce dernier eut mis de l'ordre dans le royaume avec toute la fermeté nécessaire. La vindicte populaire à l'endroit d'Orca se calma lorsque la populace découvrit un matin sur la place publique son corps découpé en deux. Borgia utilisa la technique du bouc émissaire pour mieux conserver son pouvoir. Alexandre mit à mort l'historien Callisthène, neveu et protégé d'Aristote, car il s'ingéniait à lui dire la vérité. Il eut le tort de le désapprouver lorsque Alexandre exigea de ses capitaines de se prosterner devant lui. Ce dernier en prit ombrage et fit exécuter son sage conseiller. L'époque a changé. La violence s'est édulcorée, tant et si bien que les grands seigneurs ploutocrates d'aujourd'hui n'assassinent qu'en dernier recours et, s'ils le font, ils prennent d'infinies précautions pour dissimuler leurs agissements. Les progrès des techniques telles que les poisons radioactifs ou la professionnalisation du crime organisé les y aident grandement. Ils éliminent leurs ennemis par tous les moyens discrets à leur disposition. 26,5 microgrammes de polonium 210 auront suffi à condamner l'espion Alexandre Litvinenko à une mort certaine[11]. La détection miraculeuse de cette substance radioactive, à la durée de vie de cent vingt-huit jours, dans le corps du malheureux, quelques heures avant son trépas, permit d'établir avec certitude l'assassinat. Le meurtre reste un moyen efficace, encore utilisé très largement, pour faire taire ses opposants, à défaut de les faire plier à sa volonté. Machiavel estime qu'il vaut mieux, pour le prince, être craint qu'aimé. Tel n'est pas mon propos, car j'estime que la paix est préférable à la guerre, que, les hommes d'aujourd'hui ne supportant plus la contrainte, il est plus efficace de les convaincre par la séduction que par la peur. Cependant, sens-toi libre de ne pas suivre ce conseil lorsque tu seras confronté à des individus excessivement vils. Ne cherche pas à charmer les pervers, attaque-les de front de manière à ce qu'ils te craignent.

La brutalité des Moghols modernes ne souffre pas la comparaison, en bien, avec celle de l'Italie du XVIᵉ siècle ou de la Grèce d'Alexandre. Elle tend à s'adoucir. La cruauté contemporaine a diminué en intensité, elle attente plus rarement à la vie ou à l'intégrité physique, mais elle est bien présente, insidieuse et hypocrite. Ne crains donc pas d'être impitoyable. Personne ne sera décapité en place publique parce que tu l'auras ordonné. Néanmoins, fais en sorte que tes décisions d'exécution morale ou professionnelle ne t'attirent pas la rancœur des condamnés. Les hommes et les femmes t'en voudront de t'attaquer à leur honneur, alors qu'ils te pardonneront de les avoir licenciés avec un sourire hypocrite. Assure-les de ton estime au moment où tu leur assènes le coup fatal. Les dirigeants d'entreprise licencient leurs salariés les moins performants en leur expliquant qu'il n'y a là "rien de personnel". Certains sont même capables de convier leurs victimes à des soirées mondaines où celles-ci, loin de se plaindre, y louent la décision de leur ancien patron qui a contribué à les rapprocher de leur famille. Le meilleur bourreau parvient à se faire aimer de la victime, telle Anne Boleyn, qui, sur l'échafaud, en 1536, "prie Dieu de sauver le roi [son bourreau], qui est si bon". La mise à mort professionnelle est aujourd'hui désignée par l'expression "se faire remercier", synonyme de "licencier". Il s'agit d'une mort professionnelle et sociale. Les managers des sociétés d'élite se débarrassent des cadres les moins performants en les rassérénant afin qu'ils ne cherchent pas à se venger sur eux de la blessure infligée à leur amour-propre. Les personnes attachent plus d'importance à l'estime subjective d'elles-mêmes qu'à leur condition objective. La plupart d'entre elles t'en voudront de leur dire leur vérité, même pour leur bien. D'ailleurs, leur bonheur ne te regarde pas, elles en sont seules responsables. Ne t'évertue donc pas à dire le vrai si tu pressens qu'elles n'ont aucune envie de l'entendre. En cherchant à améliorer les individus, en leur disant la vérité sur leurs insuffisances afin qu'ils les corrigent, tu t'exposes à des déconvenues. Les gens détestent le changement. Ils préfèrent qu'on leur mente.

VIII

CONNAIS L'HISTOIRE

"Si d'autres l'avaient su avant nous, ça se saurait" est un des aphorismes que les jeunes esprits affectionnent. Il est plaisant de le citer, moins pour sa subtilité grammaticale que pour sa teneur philosophique. Il repose sur l'idée que les hommes connaissent l'histoire alors qu'ils l'ignorent.

L'histoire devrait sanctionner les méchants, récompenser les illustres, dévoiler l'ordre rationnel derrière le chaos. Or elle abonde en incarnations du mal, héros oubliés, martyrs et usurpateurs. Dieu n'intervient pas dans les affaires humaines pour rétablir la justice et la vérité. Tu seras comme tous les autres, seul à agir, selon tes convictions et en accord avec ta foi. Tu es l'unique juge de tes actes. Ta conscience t'empêche de faire ce qui est mal, c'est là un grand bien. Mais ne crois pas qu'il en va des autres comme de toi, car tu serais démuni devant les méchants. Les leçons du passé n'empêchent pas les hommes de recommencer les mêmes fautes, parce que la plupart d'entre eux n'apprennent pas des erreurs de leurs prédécesseurs. Et ce pour une raison simple : ils ne les ont pas étudiées.

Josef Mengele, officier nazi, tua cent onze jumeaux et des centaines d'autres innocents au camp de concentration d'Auschwitz pour ses expériences pseudo-scientifiques. Il échappa pendant trente-cinq ans, jusqu'à sa mort, à la justice, protégé par ses amis nazis réfugiés en Argentine puis au Paraguay. Il mourut d'une crise cardiaque en 1979, au cours d'une baignade à Bertioga, au Brésil. Deux autres docteurs SS, Carl Clauberg et Horst Schumann, dont les crimes dépassent en horreur ceux du précédent, ont échappé eux aussi à tout châtiment. Clauberg décéda avant son procès, après avoir joui d'une retraite paisible au cours de laquelle il se vanta publiquement d'avoir mené ses travaux monstrueux. Schumann fut relâché en 1972 pour raisons de santé. Tous trois font partie de la longue liste des bouchers dont la santé chancelle dès que la justice s'approche. Eux qui n'éprouvèrent aucune compassion excellèrent à la susciter chez les autres.

Augusto Pinochet fut président du Chili de 1974 – date de son coup d'État contre le président régulièrement élu, Salvador Allende – à 1990. Durant sa présidence, plus de 3 200 personnes ont été victimes de la répression et 38 000 torturées. Arrêté en novembre 1998 à Londres en raison d'une plainte internationale déposée pour "génocide, terrorisme et torture", il fut libéré pour raisons de santé en mars 2000 et retourna aussitôt au Chili, où il fut accueilli par des milliers de ses partisans à l'aéroport de Santiago. Descendu de l'avion en fauteuil roulant, il se leva soudainement pour les saluer, tel un miraculé. Il mourut en décembre 2006, avant que les autres procédures judiciaires engagées contre lui n'aient abouti.

John Demjanjuk fut accusé d'avoir dirigé les installations de gazage et d'avoir participé à l'assassinat de plus de 100 000 juifs à Treblinka. Soupçonné depuis la fin des années 1970, "Ivan le Terrible", comme l'avaient surnommé les prisonniers du camp, fut poursuivi en 2001 par les tribunaux américains. Sept ans plus tard, l'Allemagne demanda son extradition pour juger ses crimes au camp de Sobibor; elle allait l'obtenir quand des documents médicaux, attestant qu'il était mourant et cloué à son fauteuil roulant, furent brandis par ses avocats. Cependant, des caméras de vidéosurveillance le filmèrent en train de marcher et de conduire sa voiture. Le 30 novembre 2009, il assista finalement à son procès, allongé sur une civière. Il fut condamné en 2011 et libéré le jour même de sa condamnation en raison de son âge. Il s'éteignit dans une maison de retraite en Bavière, en 2012.

Inculpé de génocide, crimes de guerre et crimes contre l'humanité en 1995 lors du conflit en ex-Yougoslavie, Radovan Karadžić prit la fuite une nuit de l'année 1997. Après avoir modifié son apparence physique, il échappa à ses poursuivants, devint spécialiste de médecine alternative et écrivit plusieurs articles dans le magazine serbe *Vie saine*. Surnommé le "Père Noël", il ne fut capturé qu'en 2008, treize ans après sa fuite.

Saloth Sâr, plus connu sous le nom de Pol Pot, fut le dirigeant politique et militaire des Khmers rouges et le Premier ministre du Cambodge de 1976 à 1979. Le nombre de victimes du génocide cambodgien conduit par son gouvernement s'élève à 1,7 million, soit 20 % de la population de l'époque[1]. Lors de la chute du régime, en 1979, Pol Pot disparut jusqu'à la fin des années 1990. Il aurait coulé des jours paisibles dans une résidence luxueuse en Thaïlande. En 1985, à soixante ans, il se remaria avec une jeune paysanne de vingt-deux ans. Il décéda en 1998 sans avoir été jugé. Le lieu où il a été incinéré est devenu une attraction touristique.

Le président rwandais Théodore Sindikubwabo prit une part prépondérante dans le génocide qui tua 800 000 personnes dans son pays. Le 19 avril 1994, dans une allocution diffusée sur Radio Rwanda, il mit en cause ceux qui ne "travaillaient" pas bien, c'est-à-dire ne tuaient pas assez de Tutsi, en leur demandant de "s'écarter pour nous laisser travailler". Un mois après, il félicita le peuple pour avoir bien accompli le travail. Il mourut en exil à la fin des années 1990, avant d'avoir été mis en cause pour ses crimes.

La disproportion entre la quantité abyssale de souffrance infligée par les meurtriers de masse et la douceur de leurs derniers jours relativise l'idée de justice. Les plus féroces échappent, la plupart du temps, au châtiment mérité par l'ampleur de leurs crimes et finissent leur vie en coulant des jours paisibles. Pourchassés, ils nient, se justifient, se griment ou changent d'identité. Les monstres sont experts à abuser les juges qui les poursuivent, aidés par des intérêts plus ou moins puissants. Saddam Hussein, Nicolae Ceauşescu ou Mouhammar Kadhafi furent exécutés sans procès digne de ce nom. Leur mort rapide était certainement préférable à un long débat contradictoire qui aurait embarrassé leurs alliés d'hier. Une telle iniquité peut choquer. Il est

révoltant de constater que l'histoire puisse continuer à produire de nouveaux criminels de masse,
capables d'enrôler des armées de nervis. Plus de cinq
cents ans se sont écoulés depuis que La Boétie a fus-
tigé la servitude volontaire dans laquelle les hommes
se placent envers les tyrans. Un homme seul ne peut
faire le mal à un si grand nombre sans la complicité
de milliers de petits tyranneaux. Ceux-ci seraient
inoffensifs sans la peur ou l'adhésion du nombre qui
leur donne leur force, ni sans la formidable puissance d'aveuglement de la barbarie à visage humain.
En souscrivant au mal, l'homme participe de son
potentiel destructeur. Les méchants règnent par la
peur. Les justes, les génies et les augures sont, quant
à eux, souvent malmenés et incompris par leurs
concitoyens.

LES PLUS MÉRITANTS SONT MALTRAITÉS OU IGNORÉS

En 1939, le savant Alan Turing réussit à mettre au
point une méthode de déchiffrement du code de
la machine Enigma, qui servait à crypter les messages de l'armée allemande. Son exploit donna aux
Alliés un avantage décisif dans la bataille contre la
Kriegsmarine. Il contribua à raccourcir la Seconde
Guerre mondiale de deux à quatre ans. Pionnier
de l'intelligence artificielle, Turing élabora un des
premiers plans d'ordinateur *(automated compu-
ting engine)*. Condamné en 1952 pour "indécence
manifeste et perversion sexuelle" dans une Angleterre qui rejetait l'homosexualité et se méfiait d'un
scientifique suspect de sympathies communistes, il
fut contraint à la castration chimique. Perturbé par

les effets déprimants du traitement, il fut retrouvé mort à son domicile en 1954, allongé à proximité d'une pomme entamée, vraisemblablement imbibée de cyanure. L'œuvre du génie Turing reste relativement méconnue malgré la réalisation récente d'un film hollywoodien[2]. Ses amis ont donné son nom à un grand prix de science informatique. La grâce royale lui a été accordée par Élisabeth II le 24 décembre 2013, soixante ans après sa mort.

Rosalind Franklin réalisa des clichés de l'ADN qui furent montrés à son insu à James Dewey Watson. Ces photographies permirent à Watson de mettre en évidence la structure en double hélice de l'ADN. Franklin mourut en 1958 d'un cancer probablement lié à l'irradiation suscitée par ses travaux. La découverte de l'ADN, avancée majeure du XXᵉ siècle, fut récompensée en 1962 par l'attribution du prix Nobel aux scientifiques Francis Crick, James Watson et Maurice Wilkins. Le nom de Rosalind Franklin ne fut cité par aucun des deux premiers.

Paul Didier fut le seul magistrat français à refuser de prêter serment de fidélité à la personne du maréchal Pétain. Lors de la cérémonie de prestation de serment des magistrats du tribunal de la Seine le 2 septembre 1941, Paul Didier n'accepta pas de prêter allégeance. Il fut suspendu le surlendemain puis révoqué. Arrêté le 6 septembre, il fut déporté, libéré en 1942, avant de rejoindre la Résistance. Il fut, pour reprendre les termes d'Anatole France à propos de Zola, "un moment de la conscience humaine[3]". En 1952, alors qu'il présidait une séance d'un procès retentissant contre un député communiste, il apprit que son domicile avait été soufflé par un explosif et dut suspendre les débats pendant un moment. Il déclara alors qu'une bombe venait d'éclater chez lui, demanda pardon pour l'interruption de la séance et indiqua que l'audience reprenait. J'aimerais avoir le courage d'un Paul Didier, fidèle à mes convictions au milieu des périls. Tu serais fier de moi. Mais je ne suis pas Paul Didier. Mes grands-parents ne m'ont jamais parlé de lui. Soutiens fervents du maréchal Pétain en 1940, ils auraient certainement applaudi à la révocation de ce magistrat rebelle par le gouvernement de Vichy. Cet homme n'a pas plié devant les tyrans et a survécu. Jean Moulin a, lui, été torturé puis tué par des bourreaux nazis. Il a été assassiné par l'occupant étranger qui tirait sa force de la sourde adhésion de la population d'un pays vaincu. Il fut d'ailleurs trahi par l'un des siens, dont l'identité reste incertaine. Les morts ne peuvent plus venir témoigner devant les lâches. Leur regard ne peut plus rejoindre le nôtre pour nous rappeler que la fourberie est consubstantielle à l'espèce humaine. Que tu prennes pour modèle de vie un juste, capable de désobéir aux lois scélérates de Vichy, me convient à condition que tu protèges ta vie. Les gens médiocres ne méritent pas que l'on se sacrifie pour eux. Échafaude donc des ruses pour échapper à la vindicte du jour, afin de faire prévaloir la justice au moment utile, lorsque tous les traîtres d'hier se terreront. Ils diront qu'ils ne savaient pas, qu'ils ne pouvaient pas savoir, que c'était la guerre et qu'ils avaient peur. N'exprime pas ouvertement des opinions qui te mettraient en danger. Dire la vérité trop tôt, c'est t'exposer aux périls. Agis telle une Cassandre silencieuse. Ne pars pas du principe que ton prochain est animé par les mêmes sentiments que toi. Ta prescience des événements à venir dérangera l'opinion commune. Ne cherche pas à rejoindre le rang des martyrs de l'histoire, d'autant que ces derniers tendent à usurper leur réputation.

LES MARTYRS SONT SOUVENT DES USURPATEURS

John Fitzgerald Kennedy apparaît aux yeux du plus grand nombre comme le président charmeur, pionnier de la conquête spatiale, sauveur du monde libre contre l'Union soviétique. Son vrai visage est plutôt celui d'un homme indécis, rongé par la maladie d'Addison, drogué aux médicaments et priapique. Il obtint le prix Pulitzer de la biographie en 1957 pour un livre qu'il n'avait pour l'essentiel pas écrit[4]. Le mafioso Sam Giancana lui apporta son soutien pendant la campagne présidentielle de 1960. En août 1961, au lieu de s'opposer à la construction du mur de Berlin, il resta en vacances. Comble de l'ironie, il déclarera en 1963 : *"Ich bin ein Berliner."* Il fut incapable de s'opposer à l'invasion désastreuse de la baie des Cochons, annonciatrice de la plus grave crise de l'après-guerre, celle des fusées de Cuba. La légende Kennedy continue d'alimenter la fascination pour ce personnage, dont l'image mêlée de sagesse et de jeunesse est pourtant contredite par la vérité historique. Sa fin tragique suscite encore une compassion légitime qui gomme les failles abyssales de ce faux héros.

Le mythe de Che Guevara, exécuté par l'armée bolivienne le 8 octobre 1967, est celui de l'"être humain le plus complet de son époque", selon les mots de Jean-Paul Sartre, qui le rencontra en 1960. Pourtant, cet homme fut capable de mettre à mort

froidement une quinzaine de guérilleros soup-
çonnés de traîtrise, dont l'un fut exécuté devant sa
famille. Nommé procureur suprême de la prison de
la Cabaña après la prise de pouvoir des révolutionnaires castristes à Cuba, il signa la mise à mort de
dizaines de personnes à l'issue de procès arbitraires,
ne voulant pas être arrêté dans sa frénésie meur-
trière par le frein des conventions "bourgeoises"
relatives aux droits de l'homme. Guevara fut aussi
l'instigateur des camps de travail correctifs. Il créa
le premier d'entre eux à Guanahacabibes, en 1960,
afin de rééduquer les réfractaires à l'éthique révo-
lutionnaire. Négociateur en chef auprès des Russes
de l'implantation de missiles balistiques nucléaires
à Cuba en 1962, il aurait volontiers utilisé ces
armes de destruction massive s'il avait pu en disposer lui-même. Pourtant, l'image du héros coiffé
de son béret étoilé, animé par l'esprit de la guérilla
libératrice contre l'oppresseur, demeure la plus
enracinée dans l'imaginaire collectif, plus tenace
que celle du meurtrier. Il mourut en 1967, exécuté
par un sergent auquel il lança : "Visez bien, vous
n'allez tuer qu'un homme[5]." Cet homme "extraor-
dinairement agressif[6]", selon l'expression de Fidel
Castro lui-même, voulait multiplier les Vietnam
dans le monde. Il n'avait pas grand respect pour
la vie humaine, dont il plaçait la valeur en deçà de
ses idéaux révolutionnaires. Kennedy et Guevara
représentent deux figures du mythe historique men-
songer. L'histoire est réécrite par ceux qui veulent
croire de toutes leurs forces en la version qui leur
convient le mieux.

Le vulgaire ne retient de l'histoire que l'apparence des faits, celle qui correspond à l'idée qui le satisfait plutôt que la vérité. Or "dans le monde il n'y a que le vulgaire[7]". La formation de l'opinion commune obéit au principe le plus puissant qui soit dans la création des idées : la volonté de croire. Ce besoin humain essentiel est nourri par la propagande des gens puissants. L'appétit de croyance attise le déni psychologique de tout ce qui le contrarie. Dans son livre *J'ai choisi la liberté!*, traduit en France en 1947[8], Victor Kravchenko décrivait l'univers concentrationnaire administré par le Goulag dans les années 1930 ainsi que l'organisation de la famine en Ukraine. L'hebdomadaire *Les Lettres françaises*, journal proche du parti communiste, l'accusa de désinformation et d'espionnage au profit des États-Unis. Le procès qui s'engagea entre *Les Lettres françaises* et Kravchenko, qualifié de "procès du siècle", vit s'opposer les témoignages de rescapés des camps à ceux d'intellectuels français proches du parti communiste. Les témoins appelés à comparaître par Kravchenko, souvent victimes des purges ou de procès truqués, furent insultés ou accusés de mensonges. Jean-Paul Sartre et Simone de Beauvoir, intellectuels proches du parti communiste, applaudirent les détracteurs du dissident soviétique. Claude Morgan, alors directeur de l'hebdomadaire, opposé à Kravchenko, expliquera quelques années après le procès qu'en tant que communiste il lui était impossible de mettre en doute les affirmations de son parti. Il ne pouvait croire que les témoins cités à l'audience, qui affirmaient l'existence des camps de répression, disaient la vérité. Ils étaient soit des koulaks (des paysans riches mis en cause par Staline), soit des ennemis politiques. Kravchenko n'était pas le premier à témoigner. Dès 1935, Boris Souvarine publia *Staline, aperçu historique du bolchevisme*, dans lequel il évalua à cinq millions le nombre de détenus dans les camps soviétiques. Dans *Le Zéro et l'Infini*, Arthur Koestler, membre du PC allemand de 1931 à 1938, dénonça les procès de Moscou organisés par Staline entre 1936 et 1938. Mais il faudra le procès Kravchenko, puis la divulgation du rapport secret de Nikita Khrouchtchev en 1956 et la publication de *L'Archipel du Goulag*, de Soljenitsyne, pour qu'enfin des milliers de compagnons de route du parti communiste ouvrent les yeux sur les crimes de Staline. Retiens, comme figure de cette désillusion, celle de Louis Aragon, qui évoqua l'année de son aveuglement en ces termes : "mille neuf cent cinquante-six comme un poignard sur mes paupières[9]". Aragon avait loué le goulag comme science prodigieuse de rééducation de l'homme[10], ou clamé dans un poème, *Front rouge*, "Feu sur Léon Blum", véritable appel au meurtre. Il est cruel de devoir se résigner à la vérité lorsque le déni ne peut plus rien contre les faits. Aragon resta membre du parti communiste jusqu'à sa mort.

La vérité historique n'est pas bonne à dire parce qu'elle contredit les opinions répandues, balaie les présupposés rassurants, brise les idoles, remet en question les engagements. Les intellectuels compagnons de route du communisme recherchaient Dieu dans l'histoire, le Staline infaillible, le "petit père des peuples". Ceux du présent persistent à vouloir honorer des idoles. Toi, tu n'épargnes personne et tu as raison, car l'homme parfait n'est d'aucun lieu. La faille est la marque de l'humanité. Même les grandes âmes s'égarent. Un tiers de la thèse de doctorat de Martin Luther King était un plagiat. Churchill loua les mérites de Mussolini en 1927 et traita Gandhi de fakir. Gandhi écrivit une lettre à Hitler en 1939 pour le convaincre des bienfaits de la non-violence. Nelson Mandela, ce colosse moral rétif à toute forme d'arbitraire, déclara que "la vie de Che Guevara était une inspiration pour tous ceux qui aiment la liberté[11]".

Les plus doués se trompent sur les événements comme sur les hommes. Adolphe Thiers, influent député républicain en 1848, soutint la candidature à la présidence de la République du futur Napoléon III et convainquit ses amis royalistes de faire de même en leur affirmant qu'ils manipuleraient ce "crétin" à leur guise. Le crétin, une fois élu président, devint empereur en 1852. Il resta vingt-deux ans au pouvoir.

Roosevelt suggéra à Churchill de muter Charles de Gaulle, qu'il n'aimait point, à Madagascar afin de s'en débarrasser[12]. De Gaulle dit qu'il fallait à la France un roi[13]. François Mitterrand appela le régime gaulliste créé en 1958 "une dictature" et son dictateur "un roi sans couronne", avant de prendre la place de ce dernier quinze ans après sa déclaration et de la conserver durant deux septennats[14]. Il affirma devant l'Assemblée nationale : "L'Algérie, c'est la France[15]" et qualifia les généraux putschistes russes de 1991 de "nouveaux dirigeants" de la Russie (ils restèrent trois jours au pouvoir). En avril 1973, le président Nixon confia en privé que "les Noirs sont incapables de gouverner. Nulle part. [Et qu'ils] ne seront pas en mesure de le faire avant une centaine d'années, peut-être même un millier[16]"... Trente ans après ces propos, Barack Obama fut élu sur le slogan "Yes we can".

Reste donc suspicieux et distant face aux laudateurs d'hommes prétendus infaillibles et grands, car une telle engeance n'existe ni en politique ni dans aucun autre domaine. Il n'y a pas loin de la perfection supposée à la fascination et de celle-ci au déni. À l'inverse, rejeter un homme en bloc parce qu'il s'est trompé dans ses jugements, c'est faire preuve d'une sévérité excessive. Rendre justice à quelqu'un ne consiste pas à mettre en balance ses péchés et ses bienfaits, car tu te prendrais dans ce cas pour Dieu. Garde tes opinions secrètes, car elles sont déformées par ta sensibilité. L'*histoire vraie* n'existe pas, elle est d'abord une question de points de vue.

Une éducation oublieuse du passé te placerait dans la même situation que ces lecteurs qui voient défiler les événements sans les comprendre ni tirer profit des leçons de leurs prédécesseurs. Machiavel évoquait quant à lui "les actes admirables de vertu [...] qui sont plutôt froidement admirés qu'imités[17]", s'étonnant que les citoyens ne s'inspirent pas plus du modèle des Anciens de la république romaine pour régler leurs affaires. Newton appelait cela se reposer sur les épaules des géants. Écoute donc leurs conseils. Tu pourrais croire que si tout a déjà été dit par d'autres, il est inutile de se plonger dans la lecture et la réflexion, parce que d'autres sauront le faire à ta place. Il est vrai que tes congénères n'aiment pas lire. Près de la moitié des Français âgés de vingt-cinq à trente-neuf ans n'ont lu aucun livre au cours des douze derniers mois[18]. Une bonne instruction te procurera un avantage décisif sur la moitié de la population.

La culture te guide, elle éclaire tes choix, mais elle ne t'emprisonne pas. Le monde qui t'entoure voit s'agiter des protagonistes gouvernés par le désordre de leurs passions. L'art de l'action ne consiste pas à calculer le coup d'après comme dans un programme informatique, mais à tenir compte du chaos inhérent à l'humain. Entre les interstices de l'irrationalité se glisse la grandeur de l'homme qui réfléchit à la manière dont ses prédécesseurs ont agi avant lui, afin d'atteindre le but qu'ils s'étaient assigné. Peu d'entre nous sont capables d'une telle réflexion, par orgueil et veulerie. C'est cette paresse intellectuelle que Machiavel incrimine, lorsqu'il cherche à comprendre la raison pour laquelle les sociétés nouvelles rechignent à étudier l'histoire des anciennes. Le proviseur d'un lycée parisien raconte qu'un ancien élève se hissa à la tête d'une multinationale toute-puissante non par sa maîtrise des mathématiques, matière où il n'excellait pas, mais grâce à ses cours d'histoire. Il avait retenu de Thucydide le récit de la guerre du Péloponnèse : l'hégémonie d'une cité (Athènes) peut tourner à son désavantage par le hasard des événements et le jeu subtil de la politique. La peste qui emporta le général Périclès puis la division des Athéniens contribuèrent à leur défaite finale face aux Spartiates. Parfois, tu te laisses aller à penser que la connaissance du passé ne sert à rien parce que la société présente a tiré les leçons de son histoire et que son ordre obéit à des lois rationnelles. Or il n'en est rien. Tu pourras accomplir de grandes choses grâce à la culture. Elle agira ta vie durant en te chuchotant à l'oreille tels ces souffleurs de théâtre, en t'aidant à aller de l'avant lorsque l'inspiration te fera défaut. Car l'intelligence ne suffit pas. Le plus difficile n'est pas tant d'être le meilleur élève que de sortir de l'ordinaire. Tout restera possible tant que tu ne te résigneras pas à être comme les autres.

IX

GARDE TA FOI

DE SON UTILITÉ DANS UN MONDE DÉSACRALISÉ

Tu penses qu'appeler le Secours catholique consiste à composer un numéro d'urgence pour recouvrer la foi en Dieu. Tu suis en cela le chemin spirituel de tous tes semblables, adorateurs de la technique. Ils pensent vivre dans une société désacralisée où les technologies et la science semblent capables de tout résoudre. La sacristie s'est installée dans l'étrange lucarne du smartphone. L'inexistence de Dieu serait démontrée par la technique omniprésente et toute-puissante : les apparitions divines n'ont pas été filmées par les caméras qui épient chaque parcelle du monde visible. Machiavel dit que "Dieu manifeste sa volonté par des signes éclatants : la mer s'est entrouverte, une nuée lumineuse a indiqué le chemin, le rocher a fait jaillir des eaux de son sein, la manne est tombée dans le désert[1]". De tels signaux ne sont pas plus fréquents aujourd'hui qu'il y a cinq cents ans. Mais les gens animés par la croyance divine, de nos jours, sont sans doute aussi téméraires que les athées au XVIe siècle. Il était dangereux à l'époque d'exprimer son scepticisme. Il est presque honteux à présent d'exprimer sa ferveur. Tu éprouves une sorte de pudeur à afficher ta foi ou même à réfléchir à la question, à l'heure où les technologies accaparent ton cerveau, où elles voient et prévoient tout à ta place. Cependant, certains événements pourraient, par le choc qu'ils occasionnent sur des cerveaux technicistes comme le tien, réhabiliter la mystique. La panne d'un iPhone est vécue comme un drame personnel pour nombre d'adolescents. Elle représente au contraire l'occasion de saisir la vanité de la technique, de réaliser l'excès d'adoration dans lequel ils se sont fourvoyés, de s'interroger sur les finalités de leur existence ici-bas. De tels propos te feront sourire. Mais la science reste impuissante à donner des réponses aux questions essentielles, en dépit du réconfort narcissique que procurent ces petits appareils portables, nés du génie scientifique, qui équipent à présent la quasi-totalité de la planète. Les technologies ne te procureront aucun secours face à l'absurdité de la mort et au malheur qui surgit sans prévenir. Elles n'expliquent pas non plus le mystère de l'amour d'un père pour son fils, ni l'attirance de certains hommes pour le mal. Saint Augustin versait des torrents de larmes sous un figuier, priant Dieu de le sortir de son infamie, lorsqu'il entendit une voix androgyne chanter : "Attrape et lis, attrape et lis[2]." Vois dans le dépit que tu ressens lorsque ton écran fétiche tombe en panne l'opportunité d'accomplir une pause spirituelle. Réfléchis à la phrase de Paul Veyne, qui écrit que "la petite télévision personnelle [...] que chacun de nous a dans sa boîte crânienne est un récepteur et non un émetteur[3]". Plutôt que de contempler le vide spirituel des écrans, profite des moments de tranquillité pour attraper des pensées qui viennent de loin. Qu'un sceptique tel que Paul Veyne écrive que l'esprit prend sa source dans des lieux mystérieux, hors de nous-mêmes, en dit long sur les potentialités extraordinaires de ton âme. Renforce-la, pour mieux la préparer à savourer les plus grandes joies et à surmonter les moments moins souriants de l'existence.

Le malheur frappe au hasard, il épargne les plus chanceux. Tu t'interroges à propos de ton influence sur le cours des choses, sur ta capacité à te protéger du sort, à agir en dehors de toute détermination. Machiavel croyait au libre arbitre mais aussi au hasard et à la foi. Comme il ne pouvait se résigner à l'idée que la liberté soit réduite à rien, il estimait "que la fortune [et Dieu] dispos[ait] de la moitié de nos actions, mais qu'elle en laiss[ait] à peu près l'autre moitié en notre pouvoir[4]". Si une part des choses de ce monde dépend de la fortune ou de Dieu selon ta croyance, le reste est ton ouvrage, car "Dieu ne veut pas tout faire[5]".

Tu possèdes comme tous tes semblables l'intuition de la foi. Un tel sentiment semble aller à l'encontre des enseignements pragmatiques qui dictent de t'adapter aux événements, en agissant contre ses convictions si les circonstances l'exigent. Il n'en va pas ainsi. Le prince choisit d'être prince, de s'enchaîner à un intérêt général qui le dépasse. Il se prépare par cet engagement à renoncer temporairement à sa foi, qui lui commandera d'agir contre elle. L'homme est divin dans sa liberté de choisir, de refuser ou de renoncer. Simone Weil affirme dans *Lettre à un religieux* que si Hitler ressuscitait cinquante fois, elle continuerait à ne pas le reconnaître comme le fils de Dieu[6]. Un homme capable de vaincre la mort ne pourrait prétendre à la divinité alors qu'il aurait bafoué par ses actes les lois morales fondamentales. Même devant la plus grande des forces, devant Zeus, devant l'Éternel, l'homme garde sa liberté, son impertinente faculté d'acceptation, de refus, ou d'indignation. Lorsque ton insolence se manifeste par le rejet obstiné de mes objurgations, je me dis que même si le diable apparaissait dans tout son appareil pour te terrifier, tu serais capable de lui désobéir, au nom d'une vérité intraduisible en paroles humaines. Le non que tu m'opposes aujourd'hui, tu sauras le dire demain au démon lorsqu'il te tentera – si tu le reconnais. Tu rejetteras l'usurpateur.

Étant profane et bien peu instruit des choses de la foi, j'estime cependant qu'elle est essentielle à l'équilibre comme à l'accomplissement personnels. L'éprouver relève de ce *miracle* selon Simone Weil, qui prend pour exemple les larmes d'un saint : elles sont plus miraculeuses que le fait de marcher sur l'eau. La foi, selon elle, se trouve dans la compassion surnaturelle, par exemple celle que tout enfant éprouve spontanément à la vue de la misère. "Quiconque est capable d'un mouvement de compassion pure envers un malheureux (chose d'ailleurs très rare) possède peut-être implicitement, mais toujours réellement, l'amour de Dieu et la foi[7]."

Il serait tentant de déduire de toutes les vilenies racontées plus haut que la croyance anime une infime minorité d'individus naïfs au milieu d'une multitude égoïste. Elle ne saurait survivre dans un monde contaminé par tant de bassesses. Pourtant, elle continue d'exister. L'homme choisit d'agir selon ou contre sa foi, ou même sans elle. Il reste libre, libre de faire ce qu'il veut, en bien comme en mal, sans qu'une volonté surnaturelle l'en empêche. Il choisit sa façon de croire, le plus souvent en orientant ses croyances selon ses penchants personnels. Les plus grands esprits comme les plus grandes âmes possédaient une foi intrinsèque, qui tantôt les engageait peu, tantôt les conduisait de manière plus douloureuse à agir contre elle.

LA FOI COSMIQUE ET PEU COMPASSIONNELLE D'EINSTEIN

Le savant le plus illustre du siècle dernier, Albert Einstein, n'éprouvait pas la même foi que Simone Weil. Là où cette dernière compare le sentiment de compassion, éprouvé par certains d'entre nous à la vue du malheur, à l'expression du divin, Einstein distingue l'empreinte du créateur dans le caractère sublime du cosmos. Pour lui, l'homme est libre, il agit selon ses pulsions. Dieu est dans la nature, dans la beauté de l'univers, plutôt que dans l'homme. Einstein aimait se référer à la philosophie de Schopenhauer selon laquelle l'homme peut agir comme il veut mais pas vouloir comme il veut[8] : il se comporte non seulement en fonction de contraintes extérieures, mais aussi sous l'impulsion irrésistible de sa nécessité intérieure. L'obéissance aux pulsions intimes et irrationnelles suppose, selon Einstein, de prendre quelque liberté avec le sens paralysant de la responsabilité individuelle et d'agir contre une certaine éthique. Nous ne pouvons nous forcer à vouloir ce que nous ne désirons pas complètement. Saint Augustin le remarquait : "L'esprit se commande lui-même et il résiste. [...] Mais il ne le veut pas totalement[9]." Tu ne peux vivre en luttant sans cesse contre tes désirs. Il t'est impossible, à moins d'être un saint, d'agir en te sentant responsable de toutes les conséquences de tes actes. Aussi te comporteras-tu parfois de façon immorale sans même t'en rendre compte, en éprouvant même une innocente volupté. Comme lorsque tu écouteras avec délectation le bruit feutré et délicieux que produisent tes pas dans la neige, sans imaginer que tu écrases des collemboles[10] innocents.

Einstein était passionné par le mystère du vivant, il s'est consacré toute sa vie à la compréhension de l'ordre sublime de l'univers. Il croyait en un Dieu ordonnateur qui se soucie peu des actions des êtres humains. L'Einstein réputé pour son sens de l'autodérision, qui se faisait photographier tirant la langue, plaçait sa passion pour la connaissance au-dessus de certaines considérations morales contingentes. Pourtant, lui qui insistait sur l'interdépendance entre les individus eut des mots peu tendres envers sa première épouse, Mileva, qu'il qualifia d'employée qu'il ne pouvait pas congédier[11]. On comprend mieux ce que le sens *paralysant* de la responsabilité individuelle signifie à la lumière de tels propos. Un génie tel qu'Einstein se disait sans doute que ses propos peu amènes envers sa femme seraient absous par le caractère exceptionnel de ses découvertes. Il est plus probable qu'il n'y ait pas pensé. En ce qui me concerne, j'estime que le crédit inestimable du savant public ne rachète pas les défaillances de l'homme privé, les deux n'étant pas du même ordre.

Gandhi, le chantre de la non-violence, ne séparait pas la morale de la religion. À la suite de violents affrontements dans le contexte de la désobéissance civile dont il était l'un des instigateurs, 2 000 manifestants, pour venger la mort de trois d'entre eux, mirent le feu au commissariat de Chauri Chaura, où 23 policiers furent brûlés vifs. Arrêté en 1922 pour subversion, il eut ces mots face à ses accusateurs : "Il m'est impossible de me dissocier des crimes diaboliques de Chauri Chaura ou des atrocités insensées de Bombay et de Madras. [...] en tant qu'homme de bien, pourvu d'instruction et d'expérience de ce monde, j'aurais dû connaître les conséquences de chacun de mes actes. Je savais que je jouais avec le feu. J'ai couru le risque et si j'étais libéré, je referais la même chose[12]." Dix-neuf des manifestants furent condamnés à mort et exécutés. La non-violence avait ses limites lorsqu'il s'agissait de chasser l'oppresseur britannique. La grande âme assuma les imperfections de son dogme.

Le mode d'action non violent de Gandhi inspira Nelson Mandela. Son deuxième prénom, Rolihlahla, signifie "fauteur de troubles". Dans sa lutte contre l'apartheid en Afrique du Sud, Nelson Mandela favorisa le sabotage, déclarant : "[Il] n'entraîne aucune perte en vie humaine et ménage les meilleures chances aux relations interraciales. J'ai combattu contre la domination blanche et j'ai combattu contre la domination noire. [...] c'est un idéal pour lequel je suis prêt à mourir[13]."

Gandhi puis Mandela promouvaient une action politique respectueuse de la vie humaine, non violente autant que possible. Tous les deux ont été brutalisés, torturés, de telle sorte qu'ils ont transformé des épisodes de destruction de leur dignité en révélations. Gandhi fut expulsé d'un tribunal parce qu'il refusait d'ôter son turban, jeté hors d'un wagon de première classe alors qu'il possédait un ticket valide, renvoyé des hôtels, en raison de sa couleur de peau. Mandela fit vingt-sept ans de prison dans une cellule de moins de deux mètres sur deux, où il se lavait à l'eau de mer et eut les yeux brûlés en raison de l'interdiction de porter des lunettes de soleil. La cruauté à laquelle Gandhi et Mandela furent confrontés acheva de les déterminer à agir contre leurs convictions, contre leur foi. Ils prirent la décision que Machiavel conseille au prince : "Agis contre ta foi." Ils le firent par la grâce de leur foi et contre leur foi. Sans elle, aucune action d'envergure n'est possible, mais agir en accord permanent avec elle reste impossible dans ce monde.

En profane que je suis, bien mal instruit de la religion, j'estime qu'il te faut méditer sur le mystère de la foi, car c'est elle qui anime tout grand changement. Elle est le moteur de l'action. Elle donne aux hommes une force surnaturelle. Elle inspire les plus grands entêtés face à l'arbitraire. Thomas More, chancelier du roi Henri VIII, refusa de jurer allégeance à l'acte de succession du Parlement d'Angleterre qui légitimait le mariage d'Henri VIII et d'Anne Boleyn. Ce refus, motivé par ses croyances les plus profondes, lui coûta sa tête, qui finit exposée sur le port de Londres. Avant l'énoncé de sa sentence, il eut ces mots : "Aucun homme temporel ne peut être à la tête de la spiritualité." Au pied de l'échafaud, il dit au lieutenant qui l'attendait de l'aider à monter, car "pour la descente [il se] débrouiller[ait]". Arrivé à la potence, il déclara qu'il mourait "en bon serviteur du roi et de Dieu en premier" et demanda au bourreau d'épargner sa barbe, innocente de tout crime, qui ne méritait pas la hache. La foi de More lui conféra ce courage inouï, sublimé par l'humour qu'il partageait avec son ami Érasme. More réservait sa foi à Dieu et à personne d'autre, pas même au roi qu'il servait. C'est le même More, chancelier d'Henri VIII, qui fit emprisonner quarante personnes acquises aux idées de Luther, et brûler vifs six protestants. L'auteur de *L'Utopie*, œuvre où la tolérance religieuse est un thème prégnant, ne manqua pas de contredire ses écrits par ses actes. Il est vrai que l'utopie n'est par définition d'aucun lieu et qu'elle n'existe nulle part. Les hommes sans tache ne sont pas des hommes. La grandeur d'âme de More face à l'arbitraire fit néanmoins dire à Érasme que sa personnalité était "plus pure que la neige". More sacrifia ses idéaux à la raison d'État, suivant en cela les leçons du prince qui doit agir contre ses convictions pour le bien commun. Les âmes les plus nobles décident, lorsqu'elles n'ont pas d'autres choix, de se salir les mains par le recours à la violence.

LE MARTYRE DE LA ROSE BLANCHE

Sophie Scholl, jeune étudiante allemande, était parvenue à conserver un livre (ils étaient interdits par les nazis), les *Confessions* de saint Augustin, dont elle gardait en mémoire cette phrase : "Tu nous as créés pour que nous allions à toi et notre cœur est inquiet, jusqu'à ce qu'il repose en toi[14]." Elle participa en

1943 à la résistance pacifique contre le régime tota-
litaire allemand à travers le mouvement de La Rose
blanche. Arrêtée cette année-là, elle eut ces mots
devant le Tribunal du peuple, présidé par le nazi
Roland Freisler : "Quelqu'un devait commencer, ce
que nous avons dit et écrit, beaucoup le pensent.
Mais ils n'osent pas l'exprimer[15]." Ses derniers mots
à sa mère, au moment de l'exécution, furent : "Ça
va faire du bruit." Puis elle força l'admiration de
ses geôliers : "Un si beau jour, ensoleillé, et je dois
partir, mais qu'importe ma mort si à travers nous,
des milliers de personnes se réveillent et se décident
à agir ?" Sophie Scholl, son frère Hans, Christo-
pher Probst, Kurt Huber, Willi Graf et Alexandre
Schmorell furent décapités. Ils étaient six. Il n'y eut
pas de révolte en Allemagne. La Rose blanche n'en-
gendra aucun mouvement de protestation contre le
régime nazi, qui régnait autant par la terreur que
par l'adhésion servile. Sophie Scholl était préparée
à l'action violente, mais elle n'eut pas le temps d'y
recourir. Pour renverser les tyrans, il faudrait pouvoir utiliser des moyens équivalents à ceux qu'ils
emploient. Les nazis régnaient par la peur. Barack
Obama, élu président des États-Unis en 2009,
affirma dans son discours devant l'académie qui lui
remit le prix Nobel de la paix en 2008 "regarder le
monde tel qu'il est […], [et] que le mal existe dans
le monde". Puis il indiqua qu'"un mouvement non
violent n'aurait pu renverser Hitler". Puis que "toute
négociation avec les dirigeants d'Al-Qaida échoue-
rait à les convaincre de déposer leurs armes". Sophie
Scholl avait pressenti elle aussi les limites de la non-
violence. Cependant, comparaison n'est pas raison.
Le lien établi entre un homme incarnant le mal

absolu mort en 1945 et Al-Qaida, un mouvement islamiste terroriste créé en 1987, ne répond à aucune logique historique. Le nom d'Hitler sert d'épouvantail, d'argument d'autorité pour justifier des erreurs maintes fois répétées au cours de l'histoire.

MÉFIE-TOI DE L'ÉVOCATION DU MAL

Il faut s'étonner de la surdité de notre entendement. Bien des héros sont morts sans avoir été écoutés de leur vivant, mais nous les révérons, oublieux que nous sommes de l'aveuglement de leurs contemporains, sourds à l'égard de ceux qui crient aujourd'hui pour se faire entendre. Nous agissons à rebours, sans comprendre qu'il faudrait soutenir dès aujourd'hui ceux qui ont besoin de notre appui plutôt que de vénérer les idoles incomprises d'hier. "Pourquoi, s'interrogent les enfants en cours d'histoire, faisons-nous si peu de cas des leçons du passé?" C'est que nous nous laissons bien souvent divertir par de faux messies. Ils invoquent la foi pour faire avancer des causes auxquelles leurs intentions sont étrangères (ceux qui montrent du doigt le mal pour partir en croisade). Il faut te méfier, car "qui veut faire l'ange fait la bête[16]". Ronald Reagan, président des États-Unis de 1981 à 1989, appela l'Union des républiques socialistes soviétiques l'"Empire du mal" lors d'un discours prononcé en 1983 devant l'Association nationale des évangéliques, une communauté religieuse évoquant "la lutte entre la vérité et l'erreur, le bien et le mal". Ce discours servit à souligner la nécessité de soutenir la course aux armements. George W. Bush, président des États-Unis de 2001 à 2009, reprit presque à l'identique cette expression à travers la formule d'"axe du mal", désignant les pays jugés terroristes : l'Iran, l'Irak de Saddam Hussein et la Corée du Nord. Cette désignation justifia en 2003 l'invasion de l'Irak, soupçonné de détenir des armes de destruction massive.

Le manichéisme en politique consiste en l'art de manipuler les catégories mentales du bien et du mal, afin d'atteindre des objectifs implicites. Ancien auditeur manichéiste, saint Augustin a nuancé le dogme relatif à l'existence de deux esprits opposés, l'un bon, l'autre mauvais. L'homme est un, il se dispute en lui-même, il veut et ne veut pas, il est torturé non entre l'alternative binaire du bien et du mal, mais entre plusieurs pulsions : aller voler son voisin, commettre un adultère, dépenser son argent ou le garder cupidement dans son coffre-fort. Saint Augustin ne niait pas l'existence binaire du bien et du mal, mais il insistait sur la pluralité des nuances par lesquelles elle se manifeste. Ceux qui désignent promptement le mal pèchent par orgueil ou démagogie. Tu trouverais plus honnête que le président des États-Unis justifie la guerre non par l'extermination du mal, mais par un exposé direct des objectifs de l'attaque : j'attaque ce pays parce que les intérêts vitaux du mien sont menacés. Mais la vérité crue n'est pas bonne à entendre, car elle choque par la brutalité des intentions qu'elle révèle. Camouflée sous les atours de la morale, elle devient acceptable. Il est plus commode de s'en contenter, car cela évite d'avoir à se révolter contre le prince. Le peuple préfère le confort de l'aveuglement aux tourments de la fronde.

Le messianisme politique décrète la guerre au nom du bien, afin de l'imposer par la force. Or instaurer le bien par la violence est dangereux, car "à supposer qu'on connaisse la nature de ce dernier, il faudrait déclarer la guerre à tous ceux qui ne connaissent pas le même idéal[17]". À l'occasion de la guerre en Irak de 2003, au nom de la lutte contre le terrorisme, des magistrats du ministère américain de la Justice (John Yoo et William Haynes) rédigèrent des circulaires réglementant la torture, qualifiée de douleur n'ayant pas "une intensité équivalente à celle dont s'accompagne une blessure physique grave". Le président Obama rendit publics tous les manuels officiels d'usage de la torture en avril 2009, après les avoir abrogés et déclaré que "sous [son] administration les États-Unis ne pratiquent pas la torture". Dans ces documents, la torture était classée en treize formes, elles-mêmes réparties en catégories. Les privations de sommeil ne peuvent excéder cent quatre-vingts heures mais peuvent recommencer après un repos de huit heures. Le supplice de la baignoire peut durer jusqu'à douze secondes, pas plus de deux heures par jour, pendant trente jours consécutifs[18].

La référence continue au *mal*, aux limites de la non-violence, même dans la bouche d'un honnête homme, doit être analysée au regard des objectifs poursuivis par un tel discours. Interroge-toi sur la nature exacte de l'ennemi désigné. Au nom de l'éradication d'un ennemi invisible, des guerres sélectives sont menées, en fonction non tant de la morale que des exigences de la géopolitique. Selon Tzvetan Todorov, l'intervention de l'Otan en Afghanistan, décidée en 2001, puis renforcée, fut justifiée par la guerre contre le terrorisme d'Al-Qaida. Un argument qui *possède le même caractère d'absolu que les commandements divins*. La tentation du bien en Irak et en Afghanistan a fait selon le même auteur plus de dégâts que la tentation du mal[19]. Dix jours avant la remise du prix Nobel au président américain en 2009, 30 000 soldats supplémentaires furent envoyés en Afghanistan. L'invocation de la foi en politique est inappropriée, car elle se situe en dehors de sa juridiction. La désignation du mal, la justification d'actions nécessaires à l'exercice du pouvoir par des impératifs moraux sont suspectes. Laisse donc ta foi s'exprimer d'elle-même, ne l'invoque pas à tort dans le registre de l'action, sans que cela corresponde à une absolue nécessité, à une injonction intime. Mais garde-la toujours derrière ta tête pour ne pas la perdre. Selon toi, l'homme n'est ni bon ni mauvais *a priori*, mais parce que la vie est difficile, il est plus facile de mal agir. L'éducation reste le meilleur remède contre la séduction du mal.

X

PRÉSERVE-TOI DE LA BARBARIE

"Grfstk" est le borborygme que tu émets comme nombre d'adolescents au réveil. S'agit-il d'un problème auditif générationnel ou bien le langage des enfants n'évolue-t-il plus comme celui de leurs parents ? La langue des jouvenceaux se réduit parfois à une expression fruste qui n'excède pas cent quarante caractères. C'est celle des portables connectés au réseau Internet mondial, faite de rapidité, absorbant les syllabes, saccageant la conjugaison, oubliant les mots longs. La nuance s'estompe, l'éloquence de la parole s'efface devant l'évidence de l'image. Un Socrate, avec toute sa laideur, n'aurait aucune chance d'être écouté aujourd'hui, à la différence des stars appétissantes du petit écran, bien qu'elles ne sachent former une seule phrase respectant l'ancienne grammaire et soient bien incapables de savoir si le miracle grec eut lieu au Ve siècle avant ou après Jésus-Christ. Cette dernière question pourrait être posée à la plus populaire des créatures télévisuelles, celle-ci ne saurait y répondre, puisque la culture transmise par les anciens est devenue absolument inutile à la célébrité.

L'image importe aujourd'hui autant, voire plus, que le verbe. Les Grecs désignaient du nom de

Barbares non des êtres violents ou frustes, mais des étrangers baragouinant un charabia incompréhensible. Je ne comprends pas bien le dialecte que tu pratiques avec tes camarades, si bien que j'en viens à me demander si vous êtes devenus telles ces peuplades ignares ou si c'est moi qui ai échoué à prendre la mesure de votre exceptionnelle adaptation à la civilisation de l'image. Jules César tenait un journal minutieux pendant ses campagnes contre les tribus de Germanie, de Gaule et d'Helvétie, qui devint *La Guerre des Gaules*. Il y notait tous les détails relatifs à la vie des tribus gauloises qu'il observait pour mieux les comprendre. Sans doute ai-je cherché comme lui à te scruter afin de mieux coloniser ton esprit : t'inculquer une langue, une expression, une façon de penser, afin de te dicter les conditions de ma *paix romaine*, c'est-à-dire de ma domination. César écrivit à propos des relations entre les pères et les fils gaulois que "c'est pour [le père] chose déshonorante qu'un fils encore enfant prenne place dans un lieu public sous les yeux de son père". Il est sain de se remémorer le constat de César à l'égard des pères gaulois, qui refusaient de voir leur fils grandir trop vite par crainte d'être supplantés. César, encore, décrivait les populations de Gaule comme impudiques, se nourrissant mal, vouant un culte à la destruction et à la violence.

Lointain descendant du Gaulois, tu es d'abord un homme et tu n'es qu'un homme. Tu ne vis pas sous l'Empire romain, les dictatures du siècle dernier ont fait long feu. L'individu est roi. La barbarie ne viendra pas de l'extérieur, d'une force étatique qui voudrait t'opprimer, mais de l'intérieur. Le Barbare vit à l'intérieur de toi. Il est ton "ennemi intérieur[1]".

Tu t'étonnes qu'après avoir vanté les perspectives de prospérité et de liberté pour le monde moderne, je puisse accorder si peu de confiance à l'individu responsable et rationnel que tu es en train de devenir. Je crains cependant que le monde où tu vis ne devienne comparable à l'Italie qui désespérait Machiavel : "battue, déchirée, envahie et accablée de toute espèce de désastres". Le salut ne peut venir que de gens merveilleux dont tu feras partie, car il en a existé de nombreux parmi ceux dont je viens de parler et *ils n'étaient que des hommes*. Le monde est composé d'individus qui ont pris le pouvoir sur les institutions politiques en s'élevant au-dessus des autorités étatiques, par le savoir et l'accumulation de richesses. Ils jouissent des avantages fabuleux de la plus avancée des civilisations, mais sont indifférents à son avenir, sans foi ni loi. Ils possèdent en eux les germes destructeurs de la barbarie à visage humain.

L'individu roi d'aujourd'hui, en ne pensant qu'à lui et en n'écoutant que lui, peut faire basculer tout l'édifice de sécurité et de liberté que ses prédécesseurs ont patiemment construit. Le pouvoir de nuisance de quelques personnes déterminées ou incompétentes a atteint un niveau inégalé dans toute l'histoire. La préparation et l'exécution des attentats du 11 septembre 2001, organisés par une poignée de kamikazes, coûtèrent 500 000 dollars et entraînèrent en réaction 3,3 trillions de dollars de dépenses. Les attentats de janvier 2015 en France, conduits par trois terroristes, ont choqué une nation entière, déclenchant le plus grand rassemblement de toute l'histoire du pays. L'incompétence des gestionnaires de Tepco, exploitant la centrale de Fukushima, a succédé à celle des ingénieurs de

Tchernobyl, vingt-cinq ans plus tôt, qui avait failli rendre toute l'Europe inhabitable[2]. Un groupe restreint d'individus peut menacer l'humanité entière par son irresponsabilité, sa corruption ou sa volonté de nuire.

La liberté absolue, dont tu crois disposer, repose sur l'acceptation par tous de règles de vie en commun, telles que le respect dû à la vie humaine. Il suffit que quelques personnes décident de ne plus se conformer à ces prescriptions pour provoquer des catastrophes ou des guerres. L'ancien conseiller à la sécurité nationale du président Jimmy Carter, Zbigniew Brzeziński (de 1977 à 1981), a affirmé qu'"à l'aube de l'humanité il était plus facile de contrôler un million de personnes que de les tuer, et qu'il est à présent plus facile de tuer un million de personnes que de les contrôler[3]". Il est plus facile de tuer que de contrôler. Qu'une telle hypothèse puisse être envisagée suffit à faire frémir, car rien ne dit qu'une telle éventualité reste théorique. Une démocratie qui se sentirait menacée dans son existence, et qui disposerait de moyens massifs de destruction, pourrait très bien choisir d'y recourir. Elle se condamnerait sans doute, mais la perspective d'un soulagement rapide est souvent préférée à un traitement à long terme. En agissant ainsi, elle précipiterait le monde dans le chaos. Le recours à la force est préféré à la diplomatie, même lorsque l'ennemi est insaisissable. La guerre rassure par l'action, même quand elle est pire que le mal. Or l'ennemi d'aujourd'hui n'est le plus souvent formé que de groupes d'individus en colère, qui se forment au gré des conflits et des circonstances. Un tel monde où les gens peuvent être pris pour cibles par des ennemis invisibles n'est guère plaisant à contempler. La menace devient insupportable.

Combattre les périls globaux, en terrassant ton ennemi intime, peut te sembler insuffisant, mais c'est le meilleur moyen que j'aie trouvé, en espérant qu'un nombre infime de parents suivent mon conseil, non pas en écoutant tout ce que j'exprime ici, mais la partie qui leur semble la plus adaptée à l'éducation de ceux qu'ils chérissent. Le seul fait d'aimer réellement ses enfants représente une base très solide pour leur inculquer autre chose que le goût de la violence et de la destruction. Mais elle n'est pas suffisante. L'excès d'amour, qui rend sourd et aveugle aux défauts de sa progéniture, peut transformer celle-ci en esclave de ses propres désirs et en dictateur pour son bon plaisir. L'idolâtrie affective engendre des effets régressifs. Tu deviendrais alors un tyran pour toi-même comme pour autrui. Combattre l'ennemi intérieur revient à lutter contre l'appétit égoïste de la démesure, qui fait perdre raison et sang-froid. Il alimente le cours sans fin de la revanche.

L'ennemi intérieur se manifeste par la tentation de sécurité et de moralité absolues, qui rend peureux et rétif aux évolutions indispensables à tout progrès. Il t'infantilise par l'exhibition de ta vie intime, qui devrait toujours conserver son jardin secret, sans lequel ta liberté de penser et d'agir n'a plus de sens. Il te place dans l'oppression des gens ennuyeux et incultes, au lieu de t'élever par la compagnie de l'intelligence. Il absorbe ton énergie par des divertissements décadents, qui consument ta vie avant que tu l'aies vécue.

"C'est interdit, les gifles" est une des premières phrases complètes prononcées par les enfants après avoir regardé les émissions télévisées condamnant toute forme de violence parentale. En ce qui me concerne, la douce claque m'apparaît comme une réprimande proportionnée à la malice d'un enfant qui arrose un clavier d'ordinateur de jus d'orange. Influencé comme tous tes semblables par les leçons de bien-pensance médiatique, tu t'es à ton tour érigé en tyran de ton père, dressant la liste des passions que je devais proscrire de mon quotidien. "Ne pas fumer, ne pas boire d'alcool, ne pas conduire vite, ne pas trop manger, ne pas grossir, ne pas trop maigrir, ne pas regarder de films concupiscents." Non seulement tu poses des bornes légales à mon autorité avant même de savoir ce que le mot "loi" veut dire, mais tu m'ordonnes de te rendre des comptes sur l'éducation que je te prodigue. Les vestiges du pouvoir parental ont été engloutis par la multiplication des normes. En France, le *Recueil des lois* de l'Assemblée nationale comportait 433 pages en 1973. Il en représentait 3 700 en 2004. Aux États-Unis, le registre fédéral des lois créé pour regrouper toutes les réglementations faisait 2 599 pages en 1936, et 36 487 en 1978[4]. L'enfant est un sujet de droit. Les droits de l'enfant ont alourdi le fardeau des obligations pesant sur les parents contemporains. Ils sont devenus les sujets de l'être qu'ils ont tant désiré, du moins la plupart du temps. Les raisons pour lesquelles ils peinent à lui refuser quoi que ce soit sont multiples : soit ils culpabilisent d'avoir divorcé, soit ils sont épuisés par leur journée de travail et préfèrent abdiquer toute autorité, soit ils ont cherché de longues années à obtenir les moyens financiers ou biologiques de procréer et sont devenus incapables de contrarier leur créature. Cette dernière jouit à présent, comme tous les mineurs nés dans une société avancée, de prérogatives juridiques. Mais des droits, l'État moderne en dispense à tout le monde et sur presque tout. La loi a perdu sa valeur d'expression solennelle de la volonté générale, que nul n'est censé ignorer, pour devenir une injonction morale ou une parole incantatoire. La France figure parmi les démocraties championnes de la logorrhée légale. La surproduction juridique ne répond plus seulement à la nécessité de réformer, mais aussi la plupart du temps au divertissement de l'opinion ou à la satisfaction des lubies bureaucratiques de l'Administration. Guy Carcassonne, juriste et constitutionnaliste français, estimait que tout sujet passant au journal télévisé de 20 heures était virtuellement une loi. La loi, dépréciée par son abondance, ne vaut donc plus grand-chose. Tel l'État allemand des années 1920 qui distribuait des deutsche Mark pour combler son déficit, l'État français comble son impuissance à réformer en fabriquant des normes qui ne règlent pas les problèmes mais ont pour point commun de renforcer la mainmise de l'Administration sur la vie sociale. Un décret pourrait très bien interdire la mort, elle n'en resterait pas moins inéluctable, peu impressionnée par l'armée de fonctionnaires qui la poursuivraient de lettres recommandées. La loi veut rétablir l'ordre moral en imposant la bonne santé aux obèses, la dignité aux fonctionnaires, le port de la ceinture de sécurité aux automobilistes. Il faudrait prendre les choses à l'envers, en décidant que *ce qui n'est pas interdit est autorisé*, en réaction à ceux qui considèrent que *ce qui n'est pas prévu par la loi n'est pas permis*. Je t'invite à en faire ton code de conduite. La liberté est la règle, l'interdiction l'exception. La société qui cherche à tout prévoir et régenter par les codes s'empoisonne par la complexité qu'elle produit. Elle voudrait te faire croire que le droit peut protéger du hasard comme de l'inéluctable. Elle prétend régler les menus détails de ton existence afin de t'ôter tout tracas. Elle inculque aux citoyens la peur d'agir, la crainte de mal faire. La tentation de la sécurité finit par devenir plus forte que l'attachement au libre arbitre. En te laissant contaminer par l'aversion du risque, tu finiras par abdiquer ta liberté. À présent que tu es grand, tu ris toi-même des peureux de tout. Tu as compris que l'imprévisible faisait partie de la vie, qu'il valait mieux se comporter en négligeant l'aléa plutôt qu'en cherchant la sécurité absolue. Tu exprimes cette conviction en dressant avec ironie la liste des interdits de la société précautionneuse : mal manger c'est creuser sa tombe avec ses dents, sortir dans la rue nous expose aux chauffards, respirer en milieu urbain est dangereux en raison de la pollution, téléphoner ou envoyer des messages électroniques génèrent des ondes radios invisibles aux conséquences délétères. Ces vaines angoisses sont alimentées par une société obsédée par la sécurité absolue. Elle voudrait éliminer les périls qu'elle a elle-même créés. Dans la frénésie de contrôle total de notre existence, nous voudrions éviter tout désagrément, or cela est impossible, car chaque battement cardiaque nous rapproche du dernier. Le choix de ralentir ou d'accélérer le processus biologique relève de la libre appréciation de l'individu, mais certainement pas d'une société hygiéniste qui lui interdirait de fatiguer son métabolisme. Vieillir est une chance : un lent naufrage vaut mieux que de s'abîmer brutalement. Ensuite, le hasard est inhérent à la vie même. Il est la condition de la liberté, un remède contre l'ennui d'une vie programmée. Chacun de tes actes te fait courir un risque dont les conséquences potentiellement funestes doivent être confrontées au gain qu'il t'apporte. Par exemple, payer le prix d'un trajet en automobile pour s'affranchir des transports en commun, s'acheter les cigares qui procurent une brève sensation d'euphorie, s'alimenter de boissons sucrées qui satisfont les besoins mimétiques des adolescents conditionnés par la télévision. Chacun de ces choix fait pourtant risquer sa vie. Ils nous exposent à l'accident de voiture, au cancer du poumon et à devoir prendre en charge le risque précoce d'obésité que l'abus de sucre occasionne. Les parents devraient ainsi renoncer à la liberté de jouir des plaisirs délétères et laisser une entité neutre, mieux placée qu'eux, décider à leur place. Or on devrait toujours être libre d'attenter à sa propre personne, si cela nous chante. Se faire du mal fait partie des droits fondamentaux.

J'en déduis qu'il faut fuir une société qui prônerait la sécurité absolue, une société de tolérance zéro, de prévention radicale[5]. Ne crains pas le risque, car il est le compagnon de l'audace, ne t'interdis pas les abus pour ne pas devenir un frustré qui s'ennuierait tout au long de sa vie. Sois curieux de tout ce qui t'est étranger, tout en préservant ton équilibre. Préserve ton libre arbitre et ta vie privée.

Mazarin exhortait le prince à *espionner tout le monde*. Lorsque je prononce cette phrase devant tes amis, vous vous offusquez qu'un homme d'État conseille au prince de s'immiscer dans la vie privée d'autrui. Cependant, vous livrez votre intimité aux quatre vents. Vous la dévoilez non seulement à vos prétendus amis, mais aussi à d'innombrables inconnus. Vous ne pensez pas mal faire. Mais des millions de regards malveillants guettent les failles de votre intimité. Une jeune fille du nom d'Amanda Todd en est morte en 2012, acculée au suicide par les commentaires orduriers de photographies qu'elle laissa filer sur le réseau social Facebook. L'excitation narcissique produite par la contemplation de ton reflet suscite l'envie et la vindicte des méchants, des frustrés et des jaloux. En t'exposant, tu ouvres une fenêtre bien plus grande que tu ne le crois sur ce que tu es, y compris sur ce que tu souhaites garder caché. Il est essentiel de protéger tes secrets, tes mots et tes images, de la curiosité de ceux qui voudraient s'en servir contre toi ou deviner tes desseins. En préservant ce qui doit rester caché, tu rends ton esprit moins vulnérable à la bêtise inhérente à l'opinion commune, fondée sur la rumeur. Tu as besoin de te recueillir en toi-même, de prendre le temps de la réflexion, d'entendre des points de vue contradictoires et de t'inspirer de l'avis des autres pour te construire un jugement qui ne soit pas le reflet des stéréotypes. César dénonçait les Barbares qui prenaient "sous le coup de l'émotion [...] des décisions dont il leur [fallait] se repentir, car ils accueillent en aveugles des bruits mal fondés[6]".

Ton intimité préservée consiste à écouter ta voix intérieure, qui ne doit l'être de personne d'autre que toi. Crée un espace de méditation, entouré par le silence, afin de reposer ton esprit du bruit des jugements malveillants attisés par la convoitise. Préserve-le des menaces de l'univers virtuel, qui veut tout savoir sur toi.

En juin 2013, Edward Snowden, un ancien employé de la CIA et de la NSA (National Security Agency), rendit publiques des informations secrètes de la NSA. Elles mettaient en évidence la captation généralisée des conversations téléphoniques, ainsi que les systèmes d'écoute massifs sur Internet par les gouvernements américain et britannique. Sa motivation fut de révéler au peuple américain ce qui était fait en son nom et contre lui. Ce qui se trouvait remis en cause à travers le cri d'alarme de Snowden était l'espionnage généralisé et massif de la vie privée des citoyens du monde entier, avec la complicité de sociétés toutes-puissantes tel Google, dont la devise est : "Ne soyez pas méchant." Snowden, qui se donnait comme pseudonyme Verax (en latin, "celui qui dit la vérité"), ne voulait pas changer la société, mais lui donner une chance de choisir si elle voulait changer. "Tout ce que je voulais, dit-il, c'était donner aux gens la chance d'avoir leur mot à dire dans la façon d'être gouvernés." La première puissance mondiale a produit d'autres révélateurs de honteux secrets d'État, tels que Chelsea Manning[7] ou Thomas Andrews Drake. Le soldat Bradley Manning publia sur Internet, en juillet 2013, 250 000 câbles diplomatiques confidentiels et 500 000 rapports militaires confidentiels sur les guerres en Irak et en Afghanistan. Thomas Andrews Drake, cadre de la NSA, s'opposa courageusement au cours des années 1990 à un projet d'écoute massive des communications électroniques dénommé Trailblazer. Il cita, pour illustrer son action de protection de la vie privée des individus, un discours de Frederick Douglass prononcé en 1857 : "Là où il n'y a pas de justice, il n'y a pas de paix." Qu'une démocratie comme les États-Unis puisse laisser s'exprimer des personnages dont l'esprit de vérité l'emporte sur l'intérêt personnel, même au prix de la persécution ou du bannissement, est la preuve de sa vigueur. Cependant, ces belles âmes n'ont pas été récompensées pour leur action, qui leur a causé plus de tracas que d'honneurs. Edward Snowden est apatride, Bradley Manning a été condamné à trente-cinq ans de prison, Thomas Andrews Drake a été poursuivi pour rétention d'informations concernant la défense nationale. Ceux qui les assignent devant les tribunaux protègent leurs prérogatives. La puissance de ces groupes d'intérêt n'est pas entravée par l'opinion publique, parce que les gens se moquent que leur vie privée soit espionnée. Que des administrations ou des entreprises connaissent leurs faits et gestes leur est indifférent. La raison en est simple : un danger n'est véritablement pris au sérieux que du jour où il survient. La perspective d'un risque majeur à venir compte moins que la jubilation instantanée.

Je te conseillerai donc, si tu souhaites œuvrer pour la vérité, d'agir en secret plutôt qu'au grand jour. Prends pour exemple la manière d'agir de Gorge-Profonde. Ce surnom inspiré du film érotique à grand succès de l'année 1972 désignait l'informateur de Bob Woodward et Carl Bernstein, deux journalistes du *Washington Post* à qui il fit des révélations la même année. William Mark Felt, de son vrai nom, était directeur adjoint du FBI et candidat à la succession de son mentor, John Edgar Hoover, à la tête du service. Il fut écarté du poste par Richard Nixon en 1972. Felt livra aux deux journalistes du *Washington Post* les éléments mettant en évidence la tentative d'espionnage par le président américain de son rival à l'élection présidentielle, au moyen de microphones installés dans les bureaux du siège du parti démocrate. Le scandale du Watergate, du nom de l'immeuble abritant alors le siège du parti, provoqua la démission de Richard Nixon. Mais l'identité de Gorge-Profonde resta secrète jusqu'en 2005. William Mark Felt, alors âgé de quatre-vingt-onze ans, avoua de lui-même qu'il était l'informateur des deux journalistes, en indiquant avoir été guidé par l'intérêt supérieur de son pays. Ses détracteurs le décrivirent comme un traître revanchard. Sans doute agit-il sous l'influence du dépit personnel comme du dégoût face aux pratiques policières du président Nixon. Mais son action marque autant par le résultat obtenu que par l'habileté avec laquelle il garda son secret jusqu'à l'aube de sa mort. En cela, il démontra à la fois son sens de l'intérêt général et son humilité. Ceux qui revendiquent la vérité cherchent bien souvent à afficher leur nom au-dessus d'elle, pour la gloire. C'est pourquoi il faut bien séparer les intentions qui animent un individu guidé par ses intérêts personnels de ce qu'il dit. Un monde régi par les désirs de tout un chacun serait impossible à vivre. Chacun chercherait à régenter son prochain, les homicides journaliers y dépasseraient rapidement le nombre de naissances quotidiennes. Peu importent donc les velléités tant que l'action sert le bien public. En agissant pour la justice, la vérité, et tout ce que tu crois bon, tu devras faire preuve de prudence. La vérité n'étant pas bonne à dire, tu dérangeras les puissants en provoquant un désordre. Ils se vengeront de toi, tandis que les autres ne t'adresseront que des paroles roboratives. Ne cherche donc pas la renommée en plus de la vérité, tu pécherais par orgueil. Agis bien mais silencieusement. Inspire-toi de Felt, qui usa de précautions pour protéger non seulement sa propre personne mais aussi la cause qu'il défendait. Si son nom avait été dévoilé par Woodward et Bernstein – ce qu'ils se refusèrent obstinément à faire –, l'ampleur du scandale aurait été affaiblie par le dénigrement de l'homme qui le révéla au public.

Protège ta vie privée et tes secrets. Ne clame pas que tu es meilleur que les autres, ils te prendront au mot en te cherchant querelle par pure jalousie.

ÉVITE LES GENS ENNUYEUX ET MÉDIOCRES

Avoid Boring People est le titre du livre du Prix Nobel de médecine James D. Watson, qui ne supportait pas les gens ennuyeux. Il conseille de lire son journal le matin en ignorant son voisin de table qui n'a rien d'intéressant à dire plutôt que de perdre son temps à engager une conversation avec lui. C'est là une attitude d'individu mal élevé, bien peu politique et contraire aux enseignements que j'ai voulu te prodiguer. Mais c'est celle que je pratique, impuissant à tenir compte des bons conseils que je te donne. Un homme politique qui m'employa me lança : "Tu prends les gens pour des cons et cela se voit de plus en plus." Ne suis donc pas le mauvais exemple de ton père, cache-toi derrière ton journal tel Watson, afin de fuir la compagnie des importuns. L'ennui n'est pas un luxe permis dans la vie, dont la durée est limitée. Fais en sorte d'être de bonne compagnie, en suscitant le sourire d'autrui. Teste ta capacité à faire rire les autres. Si d'aventure on te dit que tu "ris à tes propres farces", comme cela m'est arrivé, change d'humour avant que ton déclin ne devienne irréversible.

Méfie-toi des favoris qui te charment pour mieux t'utiliser. Ceux-ci ne s'attachent à toi que par opportunisme. De tels parasites n'ont que faire de ton intérêt ou de celui du bien public. Concini était l'un d'entre eux. Il devint le préféré de Marie de Médicis, dont il obtint la dignité de maréchal de France en 1613, lui qui n'avait jamais combattu. Détesté des nobles, peu aimé du roi, il finit assassiné puis dépecé par la population parisienne en 1617. Louis XIII prit le pouvoir sur sa mère par cet acte et déclara : "Grand merci à vous, à cette heure, je suis roi !" Raspoutine acquit une influence considérable sur la tsarine Alexandra Feodorovna, l'épouse de Nicolas II, empereur de Russie. Elle le prit pour le messager de Dieu. Son hégémonie grandit au point qu'il participa aux décisions politiques, faisant et défaisant les carrières des généraux et des ministres, contribuant à précipiter la Russie dans le chaos. La sauvagerie avec laquelle Raspoutine et Concini furent assassinés est à la mesure de la détestation qu'ils inspirèrent. Leur emprise sur les puissants était telle qu'ils les entraînèrent avec eux dans leur chute. Sully comme Stolypine, deux hommes d'État respectables qui voulaient le bien de leur pays, furent mis en échec par ces deux diables séducteurs. Ne laisse personne acquérir une influence sur toi, si considérable qu'elle en viendrait à te faire abdiquer ta raison. Écoute l'opinion de tes proches. S'ils sont unanimes dans la détestation de celui ou celle qui compte le plus pour toi, suis l'exemple du jeune Louis XIII, qui fit occire Concini pour redevenir roi, non tant pour l'éliminer, lui, que pour tenir à distance sa mère, la source réelle de ses problèmes.

Les hommes puissants d'aujourd'hui persistent à s'entourer de favoris parce qu'ils ont peur de perdre leur pouvoir. Par superstition, ils s'entourent de gourous dénommés *spin doctor*. Concini avait usurpé son titre de maréchal de France, Raspoutine se qualifiait de *starets* (maître spirituel), le *spin doctor* règne lui aussi par l'ascendant qu'il a pris sur le chef. Il est là pour faire dire du bien de son champion par la grâce de la propagande ou le discrédit de ses concurrents. Karl Rove, conseiller de George W. Bush, surnommé son "petit génie", Alastair Campbell, conseiller de Tony Blair, soutinrent tous deux avec force l'entrée en guerre de leur pays contre l'Irak, usant de leur influence pour la déclencher.

Les éminences grises tirent leur pouvoir des limites des hommes qu'ils entourent, rassurés par leurs oracles, impuissants à aller contre leur avis. Il existe une recette pour ne pas abdiquer ta raison face à ces mauvais génies : ne pas avoir peur de perdre ta position est le meilleur moyen de la conserver. Ne crains pas de mettre en jeu ton pouvoir, ton rang, ta position. Ne t'attache pas à une situation. En affichant ta sérénité dans les moments difficiles, tu rassureras ton entourage, qui te donnera sa confiance. Différer une décision douloureuse par l'angoisse de l'incertain revient à courir un risque plus grand encore. Lorsque tu seras pris par la fébrilité, arrête-toi un instant pour observer autour de toi. Sors dans la rue, ou place-toi à la fenêtre, et tu verras les gens se racler la gorge dans les files d'attente, souffler sur la nuque de leur voisin, trépigner lorsque les choses ne vont pas assez vite. Ils seraient prêts à te piétiner pour prendre une place qui leur économiserait quelques secondes, afin de combler le vide matinal de leur estomac. Comme ils sont envahis par la pulsion de voracité, leur esprit est accaparé par le comblement d'un manque passager. Ils ne réalisent pas à quel point le fait d'être en vie représente un don de chaque instant ni dans quelle mesure ils gaspillent leur temps. Ils ne se rendent pas compte de la chance inouïe qui est la leur : celle de vivre dans un pays en paix, démocratique et prospère. C'est cet oubli qui les rend si faibles et indifférents aux choses essentielles auxquelles, toi, tu seras attentif. "Les animaux sont [...] essentiellement la même chose que nous", disait Schopenhauer, qui préférait la société de son caniche à celle des hommes. En n'étant pas l'esclave de l'avidité, en te souvenant qu'il faut t'attacher à des objets supérieurs, en te défiant des illusions de la moralité facile, tu deviendras un grand homme. Pour vaincre la peur, pense à la phrase que tu prononças à sept ans : "Je voudrais mourir jusqu'à cent ans." Te rappeler que la mort guette à chaque instant te permettra de mieux la conjurer en vivant intensément.

NOTES

PROLOGUE (pages 11 à 16)

1. Michel Rival, *Robert Oppenheimer*, Seuil, 2002, p. 24.
2. *Ibid.*, Robert Oppenheimer cité par Michel Rival, p. 24.
3. Après la chute de la république de Florence en 1513, les Médicis revinrent au pouvoir. Machiavel, jugé félon, fut emprisonné et probablement torturé.
4. Helene Demuth resta au service de Marx de 1845 à 1883. Elle eut un fils de lui, Henry Frederick Demuth. Il fut reconnu par Engels, l'ami et protecteur de Marx. Engels révéla sa vraie paternité en 1895.
5. Machiavel, *Le Prince*, traduction d'Yves Lévy, Flammarion, coll. "Garnier-Flammarion", 1980, chapitre 15 : "Des choses pour lesquelles les princes sont loués ou blâmés".

I. PENSE À TOI (pages 17 à 21)

1. Machiavel, *op. cit.*, p. 166.
2. "Idoles de la grotte"; voir Francis Bacon, *Novum Organum* (1620), introduction, traduction et notes par M. Malherbe et J.-M. Pousseur, PUF, coll. "Épiméthée", 1986.
3. Tyranneau, complice du tyran; voir Étienne de La Boétie, *Discours de la servitude volontaire*, Vrin, 2014.
4. George VI, éduqué selon les préceptes victoriens rigoristes, fut obligé d'écrire de la main droite bien qu'étant gaucher.

5. Machiavel, *op. cit.*, chapitre 18 : "Comment les princes doivent tenir leur parole".

6. Paul Johnson, *Intellectuals*, Harper Perennial, 2007, chapitre 1 : "Jean-Jacques Rousseau: an interesting madman". Il s'agit de notre traduction tirée de Johson : "[...] he was just as ready to tell mankind how to conduct its affairs."

7. Moisés Naím, *The End of Power*, Basic Books, 2013, chapitre 1 : "The decay of power". Notre traduction.

8. *"Nam et ipsa scientia potestas est"*, in *Œuvres philosophiques de Bacon*, par M. Bouillet, Paris, 1834, tome III, p. 474.

II. Travaille pour toi (pages 23 à 32)

1. François Rabelais, *Les Grandes et Inestimables Cronicques du grant et énorme géant Gargantua, contenant sa généalogie, la grandeur et force de son corps. Aussi les merveilleux faictz d'armes qu'il fist pour le roy Artus, comme verrez cy après. Imprimé nouvellement*, Éditions des Quatre-Chemins, 1925, chapitre 21.

2. Machiavel, *op. cit.*, chapitre 3.

3. *Ibid.*, chapitre 14.

4. Suétone, *Vie de Jules César*, traduction de M. Nisard, Firmin Didot, 1855, chapitre 82.

5. *La Rumeur d'Orléans*, d'Edgar Morin, Seuil, coll. "Points", 1982.

6. Michael J. Sandell, *Ce que l'argent ne saurait acheter*, Seuil, 2014.

7. "Les garçons ont la tête rasée, vont pieds nus et n'ont qu'un seul manteau par an. Une sous-alimentation chronique les oblige à voler leur nourriture, et ils dorment sur des paillasses de roseaux de l'Eurotas qu'ils ont eux-mêmes coupés, sans outil." Plutarque, "Lycurgue", *Vies des hommes illustres*, tome I, traduction D. Ricard, La Bibliothèque des amis des lettres, 1830.

8. Machiavel, *op. cit.*, chapitre 8.

9. Walter Isaacson, *Steve Jobs*, Simon and Schuster, 2011, p. 123.

10. Chateaubriand, *Mémoires d'outre-tombe*, Gallimard, coll. "Bibliothèque de la Pléiade", livre VII, chapitre 10, p. 250 : "Des peuplades de l'Orénoque n'existent plus; il n'est resté de leur dialecte qu'une douzaine de mots prononcés dans la cime des arbres par des perroquets redevenus libres."

11. Baltasar Gracian, *L'Homme de cour*, Gallimard, coll. "Folio", 2010, maxime 4.

12. "En tel train d'étude le mit qu'il ne perdait heure quelconque du jour, mais tout son temps consommait en lettre et honnête savoir." François Rabelais, *Gargantua*, chapitre 23.

13. Paul Valéry, "Le bilan de l'intelligence" (1935), in *Variété*, *Œuvres*, tome I, Gallimard, coll. "Bibliothèque de la Pléiade", p. 1068-1069.

III. Fais travailler les autres (pages 33 à 38)
1. Le télétype, l'ampoule électrique, la dynamo, l'enregistreur (phonographe).

2. Pionnier du radar, de l'émetteur à ondes amorties, des robots télécommandés.

3. Steve Wozniak et Gina Smith, *iWoz*, W. W. Norton, 2006, p. 147-148.

4. Walter Isaacson, *op. cit.*, p. 98.

5. Elisabeth Hauptmann à qui John Fuegi rend hommage dans *Brecht et Cie*, Fayard, 1995.

6. Walter Isaacson, *op. cit.*, p. 118.

IV. Séduis (pages 39 à 44)
1. Baltasar Gracian, *op. cit.*, maxime 14.

2. *Ibid.*

3. La dernière entrevue de Louis XIV avec Marie Mancini inspira à Racine le vers de sa tragédie *Bérénice* : "Vous êtes empereur, seigneur, et vous pleurez" (acte IV, scène 5).

4. "Admirateurs de vos vertus et de vos capacités, les officiers généraux placés sous votre autorité vous serviront autant par plaisir que par devoir" (Sun Tzu, *L'Art de la guerre*, article premier).

5. Margaretha Zelle, née en 1876 à Leeuwarden, passée par les armes à Vincennes le 15 octobre 1917 pour intelligence avec l'ennemi en temps de guerre.

6. Tito, Josip Broz, né en 1892, fondateur en 1945 de la République fédérative populaire de Yougoslavie. Nommé Président à vie en 1974, il meurt le 4 mai 1980.

7. Le 20 octobre 1960, lors d'un débat houleux à l'Assemblée générale de l'ONU, Khrouchtchev donne un coup de chaussure sur la table pour protester contre l'intervention d'un délégué philippin.

8. Dernier empereur d'Éthiopie, de 1930 à 1974. Il obtint l'entrée de son pays au sein de l'ONU dès sa fondation, en 1945.

9. Franklin D. Roosevelt, discours inaugural, 4 mars 1933, publié par Samuel Rosenman (dir.), *The Public Papers of Franklin D. Roosevelt, Volume Two: The Year of Crisis, 1933*, Random House, 1938, p. 11.

10. Oliver Wendell Jr Holmes, juge à la Cour suprême des États-Unis, aurait dit de Franklin D. Roosevelt en 1932 : "Un intellect de deuxième classe, un tempérament de première classe." Cité par Paul F. Boller Jr dans *Not So! Popular Myths about American from Columbus to Clinton*, Oxford University Press, 1995. L'auteur indique que les propos de Holmes auraient pu viser l'oncle de F. D. Roosevelt, Theodore Roosevelt.

11. "C'était physique, j'ai violé Chirac." Dominique de Villepin, cité par Franz-Olivier Giesbert dans *La Tragédie du président*, Flammarion, 2006, chapitre 64.

V. Mens (pages 45 à 56)

1. Cité par Robert Darnton, *De la censure, essai d'histoire comparée*, Gallimard, coll. "NRF Essais", 2014, p. 18.

2. Chen Shou et Pei Songzhi, *Chronique des trois royaumes*.

3. Destitution du Président par le Parlement américain.

4. *"There is no relationship."*

5. Cardinal Mazarin, *Bréviaire des politiciens*, Arléa, 2007.

6. Roy Lewis, *Mr Gladstone et la Demi-mondaine*, Actes Sud, 1993.

7. Paraissent le 13 août 2009 dans la revue *Parade magazine* les treize règles du leardership selon Colin Powell :

    1. C'est moins grave que tu ne le penses.

    2. Fâche-toi une bonne fois puis passe à autre chose.

    3. Évite d'attacher ton ego à une position afin que si celle-ci tombe, ton ego tombe avec elle.

    4. Cela peut être accompli.

    5. Attention à ce que tu choisis. Tu pourrais l'obtenir.

    6. Ne laisse pas des faits contraires te décourager de prendre une décision.

    7. Tu ne peux prendre les décisions qui incombent à un autre.

    8. Sois attentif aux détails.

    9. Partage la reconnaissance.

    10. Reste calme. Sois prévenant.

    11. Aie une vision.

    12. N'écoute pas tes peurs ni celles des pessimistes.

    13. L'optimisme permanent décuple tes forces.

VI. Enrichis-toi (pages 57 à 66)

1. "The more, mobility and mentality revolutions", Moisés Naím, *op. cit.*, p. 51.

2. Thomas Piketty, *Le Capital au XXIᵉ siècle*, Seuil, 2013, p. 466.

3. Honoré de Balzac, *Le Père Goriot*, Paris, Librairie nouvelle, 1856, p. 338.

4. Friedrich A. Hayek, *La Route de la servitude*, PUF, coll. "Quadrige", 2013.

5. Jean-Jacques Rousseau, *Discours sur l'origine et les fondements de l'inégalité parmi les hommes*.

6. Molière, *L'Avare*, acte IV, scène 7.

7. Thomas More, *L'Utopie*.

8. John Rawls, *Théorie de la justice*, Seuil, coll. "Points", 2009.

9. Alexis de Tocqueville, *De la démocratie en Amérique*, Robert Laffont, coll. "Bouquins", 2011, tome II, chapitre 6.

10. Charles de Gaulle.

11. Selon la *Pravda* du 2 septembre 1935, Alexeï Stakhanov, mineur du Donbass, aurait dégagé 102 tonnes de charbon en six heures, soit 10 % de la production journalière de la mine.

12. Hoffmann Banesh, *Albert Einstein, créateur et rebelle*, Seuil, 1975, p. 153.

VII. DÉPASSE-TOI (pages 67 à 78)

1. Honoré de Balzac, *Le Père Goriot*, Gallimard, coll. "Bibliothèque de la Pléiade", tome III, 1976, p. 144.

2. Machiavel, *La Mandragore*, Le Livre de poche, 2007.

3. Six millions de vasectomies furent pratiquées sous l'impulsion de Sanjay Gandhi. Christophe Z. Guilmoto, P. M. Kulkarni, "Les femmes, la caste et l'État. Cinquante ans de planification familiale en Inde", *in* Arlette Gautier (dir.), *Les Politiques de planification familiale : cinq expériences nationales*, Ceped, 2004, p. 41.

4. Plutarque, "Démosthène", *Vies des hommes illustres*, tome IV.

5. Livré à des chiens affamés ou battu à mort.

6. "Alors il est de mon devoir de continuer la lutte avec vous et de ne pas abdiquer", lui répondit Guillaume Ier.

7. Machiavel, *Le Prince*, chapitre 6.

8. Érasme, *Éloge de la folie*, traduction Pierre de Nolhac, Garnier frères, 1936, p. 53.

9. Organisation humanitaire américaine œuvrant pour la paix et l'amitié dans le monde.

10. *"Think different"*, disait ce hippie en sandales.

11. Axel Gyldén, "Les dernières semaines de l'agent secret Litvinenko, empoisonné au polonium", *L'Express*, 7 novembre 2013.

VIII. Connais l'histoire (pages 79 à 93)

1. Source : *Cambodian Genocide Program*, université Yale.

2. *Imitation Game*, film de Morten Tyldum, 2014.

3. Anatole France, *Éloge funèbre d'Émile Zola*, 5 octobre 1902.

4. *Profiles in Courage*, 1957. C'est Theodore Sorensen qui écrivit l'essentiel du livre selon Herbert Parmet, auteur de *Jack: The Struggles of John F. Kennedy* (1980).

5. *Paris Match*, 1977, entretien avec Mario Terán, le sergent chargé d'exécuter Guevara.

6. Discours de Fidel Castro, 18 octobre 1967.

7. Machiavel, *Le Prince*, chapitre 18.

8. V.-A. Kravchenko, *J'ai choisi la liberté! La vie publique et privée d'un haut fonctionnaire soviétique*, traduction de Jean de Kerdéland, Paris, Éditions Self, 1947.

9. Louis Aragon, *Le Roman inachevé*.

10. Louis Aragon, *Pour un réalisme socialiste*, Denoël et Steele, 1935.

11. Ernesto Guevara, *Che: The Diaries of Ernesto Che Guevara*, Ocean Press, 2009, p. ii (préface).

12. François Kersaudy, "De Gaulle et Roosevelt", *Espoir*, n° 136, septembre 2003.

13. "Ce qu'il faudrait à ce pays, c'est un roi", déclaration à Robert Prigent, ministre de la Population, citée par Georgette Elgey dans *La République des illusions 1945-1951*, Fayard, 1966.

14. François Mitterrand, *Le Coup d'État permanent*, 10/18, 1965, p. 74-75.

15. François Mitterrand, 12 novembre 1954, tribune de l'Assemblée nationale.

16. Richard Nixon, avril 1973. Extrait des enregistrements téléphoniques instaurés par Nixon lui-même et consultables sur le site de la bibliothèque Nixon : www.nixon-library.gov.

17. Machiavel, *Discours sur la première décade de Tite-Live*.

18. Source : Insee, SRCV-SILC 2012.

IX. GARDE TA FOI (pages 95 à 108)

1. Machiavel, *Le Prince*, chapitre 26.

2. Saint Augustin, *Les Aveux*, nouvelle traduction des *Confessions* par Frédéric Boyer, POL, 2009, p. 227.

3. Paul Veyne, *Et dans l'éternité je ne m'ennuierai pas*, Albin Michel, 2014, p. 10.

4. Machiavel, *Le Prince*, chapitre 25.

5. *Ibid.*, chapitre 26.

6. Simone Weil, *Lettre à un religieux*, Seuil, coll. "Livre de vie", 1999, p. 62.

7. *Ibid.*, p. 42.

8. Albert Einstein, *Comment je vois le monde*, Flammarion, 1958, p. 6.

9. Saint Augustin, *op. cit.*, p. 222.

10. Arthropodes pouvant vivre dans la neige.

11. Albert Einstein, *Lettre à Elsa Löwenthal*, décembre 1913 : "Chère Elsa, ce n'est pas facile d'obtenir le divorce si on ne dispose pas de preuves de la culpabilité de l'autre partie. Aussi, je traite ma femme comme une employée que je ne peux pas virer. J'ai ma propre chambre, et évite d'être seul avec elle."

12. Discours de Gandhi publié dans le journal *Young India*, 23 mars 1922.

13. Discours de Nelson Mandela lors du procès de Rivonia, 20 avril 1964, archives de l'ANC (Congrès national africain).

14. Saint Augustin, *Confessions*, chapitre 1, cité par Inge Scholl, *La Rose blanche, six Allemands contre le nazisme*, Les Éditions de minuit, 2008, p. 48.

15. *Ibid.*, p. 106.

16. Blaise Pascal, *Pensées*, Garnier frères, 1964.

17. Tzvetan Todorov, *Les Ennemis intimes de la démocratie*, Le Livre de poche, 2014, p. 74.

18. *Ibid.*, p. 77.

19. *Ibid.*, p. 87.

X. Préserve-toi de la barbarie (pages 109 à 125)

1. *Ibid.*, p. 264.

2. Wladimir Tchertkoff, *Le Crime de Tchernobyl*, Actes Sud, 2006.

3. Zbigniew Kazimierz Brzeziński, 17 novembre 2008.

4. Milton et Rose Friedman, *La Liberté du choix*, Belfond, 1980.

5. L'une des plus puissantes menaces pesant sur nos démocraties selon le juge Serge Portelli, cité par Tzvetan Todorov, *op. cit.*, p. 80.

6. César, *La Guerre des Gaules*, livre IV.

7. Bradley Manning a adopté le prénom Chelsea à la suite de son changement de sexe en 2014.

BIBLIOGRAPHIE ET RÉFÉRENCES

Francis BACON, *Œuvres philosophiques de Bacon*, édité par M. Bouillet, tome III, 1834.

Ernst BLOCH, *La Philosophie de la renaissance*, Payot, 1994.

ÉRASME, *Éloge de la folie*, traduction Pierre de Nolhac, Garnier frères, 1936.

John FUEGI, *Brecht et Cie*, Fayard, 1995.

Baltasar GRACIAN, *L'Homme de cour*, Gallimard, coll. "Folio", 2010.

Robert GREENE, *The 48 Laws of Power*, Viking Press, 1998.

Friedrich A. HAYEK, *La Route de la servitude*, PUF, coll. "Quadrige", 2013.

Walter ISAACSON, *Steve Jobs*, Simon and Schuster, 2011.

Paul JOHNSON, *Intellectuals*, Harper Perennial, 2007.

Étienne de LA BOÉTIE, *Discours de la servitude volontaire*, Vrin, 2014.

Nicolas MACHIAVEL, *Discours sur la première décade de Tite-Live*, Gallimard, 2004.

—, *La Mandragore*, Le Livre de poche, 2007.

—, *L'Art de la guerre*, Perrin, coll. "Tempus", 2011.

—, *Le Prince*, Flammarion, coll. "Garnier-Flammarion", 1980.

Michel de MONTAIGNE, *Essais*, Gallimard, coll. "Folio", 1994.

Cardinal MAZARIN, *Bréviaire des politiciens*, Arléa, 2007.

Moisés Naím, *The End of Power*, Basic Books, 2013.

Blaise Pascal, *Pensées*, Garnier frères, 1964.

Pic de La Mirandole, *De la dignité de l'homme*, Éditions de l'Éclat, 1993.

Thomas Piketty, *Le Capital au XXIᵉ siècle*, Seuil, 2013.

François Rabelais, *Les Cinq Livres*, Le Livre de poche, 1994.

Michel Rival, *Robert Oppenheimer*, Seuil, 2002.

John Rawls, *Théorie de la justice*, Seuil, coll. "Points", 2009.

Jean-Jacques Rousseau, *Discours sur l'origine et les fondements de l'inégalité parmi les hommes*, coll. "Garnier-Flammarion", 2011.

—, *Du contrat social*, Flammarion, coll. "Garnier-Flammarion", 2011.

Suétone, *Vie de Jules César*, traduction de M. Nisard, Firmin Didot, 1855.

Alexis de Tocqueville, *De la démocratie en Amérique*, Robert Laffont, coll. "Bouquins", 2011.

Tzvetan Todorov, *Les Ennemis intimes de la démocratie*, Le Livre de poche, 2014.

Paul Valadier, *Machiavel et la Fragilité du politique*, Seuil, 1996.

Simone Weil, *Lettre à un religieux*, Seuil, coll. "Livre de vie", 1999.

OUVRAGE RÉALISÉ
PAR CURSIVES À PARIS
REPRODUIT ET ACHEVÉ D'IMPRIMER
EN AOÛT 2015
PAR NORMANDIE ROTO IMPRESSION S.A.S.
61250 LONRAI
POUR LE COMPTE DES ÉDITIONS
ACTES SUD
LE MÉJAN
PLACE NINA-BERBEROVA
13200 ARLES

DÉPÔT LÉGAL
1re ÉDITION : SEPTEMBRE 2015
N° impr. : 1502399
(Imprimé en France)